JUAN BAS

Tratado sobre la resaca

JUAN BAS

Tratado sobre la resaca

Edición especial realizada por Editorial Planeta, S.A.

Ilustración de la cubierta: Sean Mackaoui
Compuesto en J. A. Diseño Editorial, S.L.

Primera edición: agosto 2004
ISBN: 84-08-05458-9
Depósito legal: B-31.368-2004
Impreso por Litografía Rosés

Impreso en España - Printed in Spain

Índice

Dedico este libro febril a todos los hombres, mujeres, niños, animales, plantas, mobiliario urbano, infraestructuras y edificaciones que han soportado mis resacas; con la mayor vergüenza, sincero agradecimiento y profunda conmiseración.

Y muy especialmente a Ángela, mi mujer.

«El cruel sayón hundió de tres poderosos martillazos el largo clavo de bronce en la frente del impávido San Bernardo de Alzira. El santo varón, en un derroche de temple, se limitó a fruncir el ceño como cuando un mal pensamiento nos asalta.»

Horacio Mitosis S. J., *Mártires de la Cristiandad*

«Sentí unas sacudidas desgarradoras, un rechinar de huesos, una náusea mortal y un horror del espíritu que no pueden sobrepasar ni los traumas del nacimiento y de la muerte. Luego, la agonía empezó a disiparse y recobré el conocimiento sintiéndome como si saliera de una grave enfermedad.»

Robert Louis Stevenson, *El extraño caso del doctor Jekyll y Mr. Hyde*

Agradecimientos

A Amparo Ruiz Goiri, Alberto y Aritz Albaizar, Arantza García Iraundegui, Charly García, Diana Mulach, Edurne Albaizar, Esther San Pedro, Fátima Villanueva, Fernando Toja, Gonzalo Jáuregui, Goran Tocilovac, Gustavo Acosta, Iñaki Gómez, Íñigo García Ureta, Javier Urroz, Josetxu Fombellida, Juan Bas senior, Justo Vasco, Laure Merle, Lex Verhorst, Lourdes Barinagarrementeria, Manuel Hidalgo, Marcos San Blas, María Isabel Hervás, Marisol Ortiz, Mikel Luzarraga, Natalia Infante, Pedro Goiriena, Pili Oleaga, Tarek Albarazi, Toti Martínez de Lezea, Rubén Rath, Verónica Vila-San-Juan y Vicente Mora.

Muchas gracias a todos por vuestra desinteresada —supongo y espero— ayuda; por los nombres de la resaca en otras lenguas; por ideas, datos y divertidas anécdotas. Y a algunos, por los testimonios de primera mano, el conocimiento empírico y los *Bloody Mary* que no me dejasteis pagar.

Un agradecimiento muy especial a mi colega Alfredo Pita, que me ha descubierto los amaneceres «con los muñecos» de su Perú natal. Les debo unas «cervezas de bajamar» a él y a su impagable tío Celso, ese Jacques Tati de los Andes.

Y muchísimas gracias a mis editoras Carmen Fernández de Blas, que fue la primera en creer e ilusionarse por este atípico libro, y Belén López, que recogió el testigo del mismo con todo interés.

Prólogo

«Porque no sé lo que hago: pues no pongo por obra lo que quiero, sino lo que aborrezco, eso hago.»

Romanos, 7,15

Si el ser humano pasa un tercio de su efímera existencia en brazos de Morfeo, ¿cuántos días, meses o años de su vida pasa el bebedor habitual entre las ponzoñosas garras de la resaca?

Me refiero al señor o señora que empina el codo hasta ese punto, esa «delgada línea roja» —parafraseando a Jim Jones—, aunque bastante precisa, que casi todo bebedor sabe que cruza con el trago número «X»[1] y que ya una vez al otro lado del río le costará al día siguiente un clavo tan seguro, infalible e inevitable como los impuestos o la muerte; y que será mayor o menor según lo que se adentre en la espesura y se aleje de la orilla de su particular Rubicón.

[1] Sustituya el lector la incógnita por su particular número ordinal.

Y me refiero al bebedor habitual y adulto, no al pobre diablo que se agarra un pedo reglado sólo en Nochevieja o cuando le invitan a una boda ni al crío que se intoxica los sábados.

Me refiero al sujeto que más o menos inconscientemente divide el año en tres partes equivalentes de rigurosa alternancia: día de sople, día de resaca, jornada de reflexión y vuelta a empezar.

Es un buen barómetro para evaluar hasta qué punto uno está entregado en cuerpo y alma al alcohol el incremento o disminución de las jornadas de reflexión durante el año. Si el bebedor en general las respeta e incluso se permite hasta dos seguidas de vez en cuando, la aguja no marca tempestad; si por el contrario, demasiadas jornadas de reflexión acaban transformadas en trompa, aunque sea sorda, se navega a través de la marejada y hay fundado peligro de naufragio.

Y no me refiero al alcohólico profesional, para el que no existe el estoico día completo de resaca. Al que el fenómeno se le limita y concentra en sufrir temblores, ataques de epilepsia y visitas del *delirium tremens*, valga la redundancia[2], en forma de aterradoras aluci-

---

[2] Ya que en realidad *tremens*, en latín, hace referencia al temblor. Y la forma más habitual del *delirium tremens* es el ataque de epilepsia y no el ver cucarachas o elefantes rosas.

naciones[3] entomológicas, hasta que ingiere la suficiente dosis de algo con no menos de cuarenta grados o lo mata una cirrosis.

Y por supuesto, quedan autoexcluidos de este humilde tratado esos extraños seres, los abstemios, que no han probado ni probarán el alcohol en su vida y que no sienten la menor curiosidad por experimentar el relajante y liberador estado de embriaguez. Esa gente de la que es preciso desconfiar y aconsejable huir; acelgas hervidas, personajes de rictus adusto y siempre con la guardia alta, generalmente impermeables al sentido del humor y más aburridos que la filmografía de Tarkovski. Si como sostienen algunos sicópatas, los extraterrestres habitan entre nosotros desde la prehistoria, son sin duda alguna los abstemios.

Respeto aparte merece el ex borracho y abstemio forzoso hasta que el trasplante de hígado y el parcheado de cerebro sea cirugía corriente; el que simplemente se ha administrado mal y se ha bebido la ración completa que tenía asignada para toda la vida en menos tiempo que los demás. Su única culpa es el despilfarro y mueve a piedad.

---

[3] Hay una teoría que afirma que las alucinaciones de un bebedor muy excesivo son una compensación por carencia, que se debe a que al dormirse con mucho alcohol encima no pasa por la primera fase de sueño profundo, durante la que se sueña más intensamente.

Me refiero por tanto al bebedor que convive con el clavo un número de días al año al límite de la prudencia; al que ha hecho de la resaca una compañera, molesta pero a la que se ha acostumbrado e incluso cogido algo de cariño por su familiaridad; al que la acepta como al cónyuge pedorro que hay que soportar como un precio que no permite impagos si se quiere practicar con asiduidad el noble deporte de darle al tanque —y el arte de la conversación— elegante y disciplicentemente anclado en las muchas barras de turno.

¿Es entonces el bebedor habitual, y por ende resacoso habitual, un masoquista?

Ni mucho menos.

El bebedor es un aventurero mental y físico, alguien con un sentido épico y reflexivo de la vida que alterna con sabiduría el hedonismo y el estoicismo.

Algún paniaguado puede objetar que bastaría con saber detenerse a tiempo: cortar la libación antes del trago número «X» y evitar así la resaca sin dejar de beber.

Seamos serios: eso no es beber.

Voy a hablar, como ya he dicho, de bebedores con fuste, de los amantes del exceso; no del que se toma un coñac porque hace frío. Y ningún bebedor serio se detendrá ante el mágico trago número «X», con el que empezará a atisbar las losas de colores del camino hacia el país de Oz, aunque conozca perfectamente las consecuencias posteriores de su gozosa ingesta.

Porque ese trago en ese momento es lo más deseable del mundo. El bebedor de verdad no lo cambiaría por nada, aunque le saliera un genio abstemio de la botella, valga la incongruencia, y a cambio de la renuncia le prometiera fama, riqueza, éxito sexual o poder; sólo lo cambiaría por otro trago. Y si no lo hiciera así, es que se trata de un impostor al que tampoco quiero como destinatario de estas modestas pero sentidas páginas.

Bajo —nunca mejor dicho porque una resaca en condiciones aplasta y lamina— esta hipótesis de trabajo analizaré y trataré de la resaca; la del bebedor crónico que se obstina en ver en ella, por la enorme facilidad para el autoengaño que todos —menos los abstemios— tenemos, un estado mental y físico excepcional y no lo que en realidad es en su caso: un *alter ego* habitual, otra forma de carácter y de afrontar el mundo que, repito, ocupa en su vida no mucho menos tiempo que el invertido en dormir y sin duda bastante más que el dedicado a la práctica del sexo, por ejemplo; aunque con resaca se puedan tener relaciones sexuales, como veremos, firmar una sentencia de muerte, declarar una guerra o contraer matrimonio, como también veremos en los ejemplos que nos brindan la historia, la literatura y algunos contemporáneos.

Y es que la resaca, al provocar un malestar tanto físico como síquico, ocasiona que se altere la forma de actuar y de pensar. De esta manera, se posterga la realización de actos y la toma de decisiones o se escogen éstas y se ejecutan aquéllos de un modo diferente, y casi siempre más desacertado, a como se hubieran resuelto sin tener resaca.

Judicialmente, la intoxicación etílica opera como atenuante e incluso en ocasiones eximente de la culpa de quien ha cometido un delito en ese estado. ¿No debería de suceder algo semejante con la resaca?

En todo caso, la cautela aconseja que cuando toca clavo se debe establecer como máxima a seguir el retruécano del popular refrán: deja para mañana lo que es mejor que no hagas hoy.

Se puede afirmar por tanto y sin exageración que la resaca es uno de los componentes esenciales del carácter de multitud de hombres y mujeres, un estado que causa y explica el porqué de muchas conductas y es elemento indisoluble, en fin, de la condición humana.

JB

Nota Bene: Como la última resaca fue ayer, al escribir mis iniciales me ha entrado de repente, en plan reflejo condicionado de perro de Pavlov, una sed antigua y no precisamente de agua. Barrunto con cierto fatalismo realista que aunque hoy toca jornada de reflexión mañana me tomaré el día libre.

Hasta pasado.

Definiciones y concepto

El solvente diccionario de uso del español de María Moliner define la resaca en la acepción que nos interesa de un modo tan exacto como lacónico, aunque parcial en su planteamiento temporal:

«Malestar que se siente por la mañana después de haber bebido alcohol con exceso la noche anterior.»

A la morigerada señora Moliner no debió de ocurrírsele que hay dulces y letales trompas matinales que se coronan con siestas maratonianas —de las de dormir con los puños cerrados, según descripción de una amiga— y desembocan en terroríficas noches de resaca condenadas al insomnio, la angustia y el desconcierto; una especie de resacas con *jet lag*.

El diccionario de la Real Academia es todavía más lacónico que María Moliner.

«Malestar que padece al despertar quien ha bebido alcohol en exceso.»

Y hay otras dos acepciones de resaca que tienen su gracia si las comparamos con las características de las definiciones alcohólica y marina.

«Persona de baja condición y moralmente despreciable.»

«Letra de cambio que el tenedor de otra que ha sido protestada gira a cargo del librador o de una de las personas que han efectuado la transmisión por endoso, para reembolsarse de su importe y de los gastos de protesto y recambio.»

¿A que con la segunda acepción casi hasta se ven las olas que avanzan y retroceden en la orilla? O quizá más bien golpes y contragolpes dados con un mandoble.

No tiene mucho que ver, pero me ha recordado al artículo 1.622 del Código Civil, uno de los más sucintos, contundentes y ejemplificadores de la filosofía en la que se apoya nuestro derecho privado y la sociedad capitalista en general.

«El deudor de mi deudor es deudor mío.»

Ni Groucho Marx lo hubiese dicho mejor.

Discúlpeme el lector la digresión.

El concepto de la resaca alcohólica se corresponde armoniosamente con la resaca marina y sin duda toma su nombre de esta lograda metáfora —la etimología de resaca es resacar, antigua palabra en desuso sinónimo de sacar—. Las olas ya mínimas que llegan a la orilla y después vuelven, retroceden para regresar al mar. Y sobre todo el uso más habitual del término, cuando se dice que hay una fuerte resaca, una peligrosa corriente que te quiere llevar adentro, lejos... Como la resaca alcohólica, que tira de ti y te quiere arrastrar al vórtice vertiginoso de la inercia oscura.

En Internet, esa «gran librería desordenada», como la llama Umberto Eco, el buscador Google encuentra nada menos que 284.000 páginas *web* para el término *hangover*, resaca en inglés, y 27.900 para la palabra en castellano. Aunque en las páginas en castellano, en bastantes de ellas se utiliza resaca en su acepción marina o en un sentido metafórico del tipo «la resaca de las elecciones» o «la resaca del éxito», hay muchas que se centran en la alcohólica, sobre todo en su vertiente filantrópica, es decir, los *remedios*.

Es creencia extendida que el malestar del día después se debe a que la resaca es un síndrome de abstinencia, un *mono* por la falta de bebida. Esto sólo es cierto para los alcohólicos, que tienen una dependencia física del octanaje y necesitan beber como peces todos los días.

En términos orgánicos y químicos la resaca es sencillamente el daño que produce la metabolización del alcohol, la transformación en el hígado del alcohol ingerido para hacer posible su posterior eliminación del organismo.

Bebemos alcohol etílico o etanol con algo de venenoso metanol. Según soplamos y después de haberlo hecho, el hígado, gracias a la enzima llamada alcohol deshidrogenasa, metaboliza el alcohol y lo transforma en acetaldehído o etanal, una sustancia química muy nociva cuyo paseo militar por el caudal sanguíneo es la esencia física de la resaca. Después, otra enzima, la acetaldehído deshidrogenasa[1], transforma el acetaldehído en ácido acético o etanoico, sustancia química que ya no le cuesta oxidar a los tejidos y que finalmente sale del cuerpo desde los pulmones en forma de dióxido de carbono.

El problema es que todo este proceso el hígado lo hace a su ritmo, que es constante y no muy rápido; en realidad le cuesta un montón de horas y esfuerzo realizarlo, por eso padecemos resacas.

El organismo consume en esta labor gran cantidad de vitaminas B y C, potasio, magnesio y zinc.

También se pierde mucha glucosa por vía renal.

Y todo esto unido al gran poder diurético que tiene el alcohol sobre los riñones y que produce la deshidratación de las células.

El *secado* de las células del sistema nervioso ocasiona las migrañas y el de las gastrointestinales las náuseas.

Esto es en esencia la resaca orgánica y químicamente.[2]

Pero también, muchas horas después de la inges-

---

[1] Existe un fármaco demoniaco que se llama Antabus y que sirve para dejar de beber alcohol. El Antabus inhibe la intervención de la acetaldehído deshidrogenasa, con lo cual el acetaldehído no se transforma en ácido acético. Es decir, el desgraciado que ha tomado Antabus sufrirá una fuerte y prolongada resaca en cuanto beba alcohol, aunque sea poco. Diabólico.

[2] Al lector que quiera profundizar en este aspecto de la resaca le recomiendo la lectura de los libros: *La resaca, remedios naturales para vencerla,* del doctor Pedro Ramos (...de la luna.

tión del alcohol —hasta dieciséis—, se sufren alteraciones en la actividad cerebral, según demuestra el electroencefalograma.

Las definiciones académicas y clásicas se limitan al daño físico y las médicas o científicas al proceso orgánico y químico; no dan la relevancia que creo se merece al componente sicológico, a la alteración mental que produce la resaca, que es de lo que quiero tratar, o mejor dicho, consciente de mis limitaciones, elucubrar.

Por supuesto, la alteración síquica es una consecuencia del daño físico que ha producido el ponerse la víspera de alcohol hasta las cartolas, de las secuelas que ha dejado en el organismo; mas centrémonos en su repercusión en la mente, en el funcionamiento del todavía misterioso cerebro.

¿De qué manera esos procesos químicos descritos inciden en la actividad eléctrica y química del cerebro?

¿Cómo afecta la resaca a lo que tenemos encima de la nariz y tras la frente, el córtex prefrontal, el director del cerebro, donde se *cuece* el sentido de la responsabilidad?

¿Cómo opera la resaca en la mente para sacar con frecuencia al Hyde que todos llevamos dentro?

¿Hasta qué punto repercute el estrago en el apabullante número de combinaciones del cerebro, en sus conexiones o en el funcionamiento de sus moléculas?

Madrid, 2001), y *¿Te ha sentado mal la comida?,* de John Emsley y Peter Fell (Península, Barcelona, 2001).

¿Qué consecuencias tiene en el comportamiento la pérdida de las decenas de miles de neuronas que matamos durante una trompa?

Cada cerebro es un universo y quizá el universo no sea más que un cerebro en expansión en el que cada estrella equivale a una célula nerviosa[3]... Y haya tantos universos como cerebros.

No me he comido un *tripi*, pero de todos modos, no nos pongamos panteístas.

La respuesta a las anteriores cuestiones sobre la mecánica y averías transitorias o acumulativas del cerebro que las dé la ciencia cuando pueda. En mi labor me limitaré a describir y analizar la exteriorización, los comportamientos alterados.

Reflexionemos humanísticamente sobre la resaca.

La resaca pone al alma en contacto, en comunicación directa con lo mejor y lo peor de los infiernos de cada uno.

La resaca escarba en nuestro fondo más oscuro, el que ni siquiera nosotros conocemos o nos atrevemos a conocer del todo, y hace aflorar de las negras profundidades de cada quisque aspectos sorprendentes que pueden ir desde lo espeluznante hasta lo grotesco o abyecto pasando por lo sublime, rara vez, o lo patético, más frecuentemente.

Con resaca uno se convierte a veces en un perfecto

---

[3] ¿Serían entonces los agujeros negros la expresión de la resaca del universo?

resaca, en el sentido antedescrito de persona de baja catadura y moral despreciable.

Sirviéndome de muy altos referentes literarios —pido perdón por la falta de respeto que supone citar en vano a Conrad, McCarthy, Dickens, Nabokov y Kafka—, creo que podría acotarse y conceptualizarse la resaca como una mezcla o refrito de *El corazón de las tinieblas*, *Meridiano de sangre*, *Papeles póstumos del club Pickwick*, *Lolita* y *La metamorfosis*.

Kurtz, el juez Holden, Pickwick y Humbert Humbert caminando en batería y del brazo —tirando de Samsa atado con una cuerda, que se hace el remolón— por una calleja oscura, maloliente y cuajada de charcos mefíticos, en la que se atisba al fondo el neón parpadeante del burdel más salvaje y abyecto y mientras mantienen una insulsa conversación propia de una mala comedieta de situación televisiva.

> «Era como si se hubiera rasgado un velo. Sobre aquella cara de marfil vi la expresión del orgullo sombrío, del poder despótico, del terror más abyecto, de la desesperación más completa y definitiva. [...] Algo, una imagen, una visión, le hizo gritar con un hilo de voz; gritó dos veces, apenas era un susurro el grito:
>
> —¡El horror! ¡El horror!»

> «Y por la mañana un sol color de orina asomó legañoso entre los lienzos de polvo a un mun-

do turbio y sin accidentes [...]. ...un reino diabólico invocado de repente o tierra suplantada que no dejaría rastro ni humo ni ruina llegado el día, como no los deja una pesadilla.»

«El espíritu que arde en nuestro interior soporta el fardo que contiene la pesada carga de cuidados y tribulaciones mundanales; y cuando ese espíritu flaquea en nosotros, es la carga demasiado pesada para que pueda sufrirse. Sucumbimos a ella.»

«La más turbia de mis poluciones era mil veces más deslumbrante que todo el adulterio imaginado por el escritor de genio más viril o por el impotente más talentoso. Mi mundo estaba escindido.»

«Sus numerosas patas, de una delgadez deplorable en comparación con su volumen corporal, vibraban desvalidas ante sus ojos.»

Un viaje a la esencia del horror primigenio, inconsciente y colectivo por la ruta del Apocalipsis, montado en el vehículo del autismo, la bonhomía, la estulticia y el egoísmo, siguiendo atentamente las señales de la depravación y la mezquindad y vigilante para que las manos no se transformen en pinzas (AÑADA EL LECTOR EFECTO DE AULLIDO SATÁNICO QUE RESUENA EN UNA BÓVEDA GÓTICA, CORRETEO DE SERES PEQUEÑOS Y NUMEROSOS, CHASQUIDO DE ELÁSTICO DE LIGUERO Y RISAS ENLATADAS).

Terminología comparada

El inglés, siempre tan gráfico y amante de la onomatopeya y la metáfora visual la llama, como ya dije, *hangover*, literalmente «colgado sobre»; lo cual me recuerda la clave verbal que daba el inquietante protagonista de *Arrebato*, aquella fascinante película de Iván Zulueta. Quizá no se refería específicamente a las resacas, o quizá por el contrario englobaba las de todas clases y las elevaba a la categoría de megarresaca.

«Colgado en la pausa..., arrebatado.»

Los franceses, con metáfora tan poco sutil como efectiva y de resabio pinochesco —de Pinocho, no de Pinochet—, la llaman *gueule de bois*. *Gueule* es faz de animal, o sea, jeta. Por tanto, «jeta de madera»: muy descriptivo.

Veo con la memoria una viñeta del álbum de Goscinny y Uderzo, *Asterix en Bretaña,* en la que Obelix —símbolo de Francia tanto como Brigitte Bardot, el *foie* o la guillotina— se despierta con resaca y en el bocadillo que representa lo que piensa se le ve transformado en un tocón con facciones humanas y un hacha clavada.

En alemán es *Kater*, «gato». El origen de esta alegoría zoológica parece remontarse a la forma dialectal de pronunciar la palabra *Katarrh*, «catarro», de los estudiantes con sed de la ciudad de Leipzig en el siglo XIX. Tomaron el símil del griego, por considerar los cofrades de Ulises que el catarro era la expresión corporal del cerebro que exudaba líquidos.

No es mala comparación esa especie de sudor de meninges.

Me viene a la memoria que un antiguo camarada, le llamaré el señor Rojo, en plan *Reservoir Dogs*, decía que cuando sufría una resaca por encima de los siete con cinco grados en la escala de Baco —en línea con su ortodoxia marxista, el proletario sol y sombra era su combinado de cabecera—, tenía la sensación de que el cerebro le destilaba gotas de gasolina, por supuesto con plomo.

Otro nombre tomado del reino animal por los teutones para la resaca es *Affe*, «mono». Y más raramente utilizado, pero más poético e inquietante, es *Katzenjammer*, casi textualmente: «los maullidos de lástima que emite el gato en época de celo».

En italiano no hay palabra específica para designar el fenómeno. Los bebedores leídos emplean con la solemnidad de Cicerón el *postum sbornia*.

En holandés resaca se dice *na-dorst*, pero los holandeses utilizan, al igual que nosotros, la metáfora del «clavo»: *heb*; también, como los alemanes, la alegórica «gato» que se escribe igual: *kater*.

En Suecia demuestran estar a la altura de su fama de metafísicos y de ser la cuna de Ingmar Bergman. Resaca en sueco se dice *hont i haret*: «dolor en la raíz de la cabeza».

En noruego da pánico, indica que los escandinavos son laboriosos y además te lo imaginas perfectamente: *jeg har tommermen*: «carpinteros en mi cabeza».

El serbocroata es sonoro y sugerente; la contundencia fonética me hace imaginar un caldo de cultivo fétido y en ebullición o un perolo lleno de puré de grava con cemento: *mamurluk*.

El polaco es breve y con cualidad de chasquido o de onomatopeya de mecanismo que se acaba de estropear para siempre: *kac*.

En rumano es *persecutie*, que me sugiere una persecución organizada, algo así como un *pogrom*.

En ruso se dice *pojmielye*, que viene de la raíz *jmiel*, «lúpulo». *Pojmielye* es lo que sucede después del abuso del lúpulo, o sea, de la cerveza. Para lo que pasa después de bañarse en vodka, la bebida nacional, no parece haber palabra específica; extraño.

En hebreo no hay palabra para el fenómeno, al menos culta, o no he sabido hallarla.

En árabe es *sakra*, que al parecer se emplea indistintamente para borrachera y para resaca. Claro, como los mahometanos no beben, no distinguen.

En japonés es *futsukayoi*.

En chino mandarín no se resuelve con una sola palabra, son cuatro: 酒 *jiu*, 后 *huo*, 不 *bú* y 适 *shì*; cada signo chino equivale a una palabra. Vendría a ser algo así como «la sensación que tienes el segundo día después de haber bebido alcohol». No entiendo si se refiere a un segundo día de resaca o al segundo día contando también el de la trompa. China es otro mundo, ya se sabe.

El portugués y el catalán comparten término y se limitan a añadir una deslizante ese a la palabra en castellano, otorgándole una cierta cualidad oleosa: *ressaca*.

En euskera, familiarmente, es *aje* y *oste*. También, lacónico y un tanto fatalista, con algo de juicio final, en consonancia con la religiosidad del aldeano vasco, llama a la resaca *biharamuna*, «el día siguiente».

Es probable que a don Pío Baroja le gustara este término asociado al tiempo. Tengamos en cuenta que al gran narrador guipuzcoano le fascinó la leyenda escrita en latín bajo las agujas de un viejo carillón: *Vulnerant omnes, ultima necat*: «Todas hieren, la última mata.»

Menos frecuente, algo críptico y desde luego poético es *azeria larrutu*, textualmente «quitarle la piel al zorro». Y también el optimista *festondoa*, «al lado de la fiesta».

Cinco sinónimos para resaca. No está mal para un idioma parco como el euskera.

Como siempre, los países hispanohablantes del otro lado del charco hacen alarde de imaginación.

Por ejemplo:

En México, pueblo amante de la tequila y el mitote, la llaman *cruda*, que me recuerda a la calificación durante el franquismo de las «películas fuertes», subidas de tono: «una película muy cruda».

En Honduras, Costa Rica y Panamá hacen referencia a la blandura o son profilácticos: *goma*. ¿O será la de mascar?

En Puerto Rico son consecuentes con la colonización yanqui y se conforman con una palabreja *spanglish*: *jangover*.

En Cuba unen a su carácter descriptivo connotaciones de novela de terror o al menos de género negro: *perseguidora*. Menos utilizado, pero igualmente sugerente es *amanecer en llama*; los cubanos parecen ser conscientes del peligro de sufrir una combustión espontánea (ver resaca **inflamable**) que uno corre durante el día fatídico.

En Venezuela se apuntan también a la alegoría zoológica y optan por la constancia del roedor: *ratón*.

Saltan entre fronteras: *agrura*, que se me antoja un neologismo que fusionara lo agrio con la negrura, quizá también con algo de tristeza; *cañuela*; *mono*, como aquí los yonquis cuando no tienen nada que meterse en vena; y *clavo*, extendido por casi todos los países de habla hispana, llenos por tanto de devotos del bragado san Bernardo de Alzira, patrón oficioso de la resaca, al que martirizaron los moros en 1180 atravesándole la frente con un clavo de bronce.

En Colombia utilizan el nombre de un árbol tropical: *guayabo*. En España, en el mismo periodo de las «películas crudas», los hombres llamaban *guayabo* a una chavala guapa y maciza.

En Ecuador es *chuchaqui*, que sugiere estrujamiento.

En Uruguay y Chile son cortantes y no pierden el tiempo con matices. Tener resaca es *andar con el hachazo*; declaración que suele acompañarse con el gesto de poner la mano de canto en medio de la frente. También inter fronteras y con el mismo gesto, *andar con el indio*, quizá por lo de los *tomahawks* de los casi extinguidos vecinos indígenas del norte.

En Chile, además, también se centran en el estrago bucofaríngeo y la llaman *caña mala*; entendiéndose por *caña* la garganta.

En Argentina sucede algo muy curioso, casi diría que se trata de un extraño misterio, realzada su incomprensibilidad por la rica imaginería del lunfardo. Sencillamente no la llaman de ningún modo, ni siquiera resaca. ¿Acaso la desconocen? ¿Es quizá Buenos Aires donde realmente se ubicaba el paraíso perdido?

No parece posible la ausencia de intoxicaciones etílicas y por ende de resacas en el país que ha padecido a Perón o a Videla y que actualmente se desintegra.

Quizá tenga algo que ver con esta orfandad lingüística la numerosa inmigración italiana, recordemos que tampoco la nominan.

Y en Perú se apuntan también a lo gráfico: *caldero*. Pero además, surge la obra maestra, el apelativo insuperable, la más imaginativa, inquietante y a la vez divertida de las metáforas, a medio camino entre lo fantástico, el esperpento y el terror. En Perú se levantan *con los muñecos*; muñecos con el significado de marionetas. El sentido es doble: que alguien maneja durante el reinado de la resaca los hilos nerviosos por ti y que el lugar que te corresponde es estar con los muñecos.

Consideraciones generales

Maldición

Como ya se ha apuntado, la resaca es un gravoso precio que se paga por disfrutar del placer de una buena trompa; es el salario que hay que apoquinar a la eficiente puta; el castigo tras el premio; el garlito después del queso.

Mas no es así para todo el mundo.

Hay pobres desgraciados, estigmatizados, malditos tocados por el dedo de la fatalidad, que sufren el castigo sin haber disfrutado del placer.

Me refiero a los bebedores que tienen resaca sin haberse emborrachado. Es un caso más corriente de lo que pueda creerse.

El maldito bebe en serio, como si le fueran a quitar el vaso, copa tras copa, hasta llegar a una cantidad de alcohol consumido que a cualquier otro lo pondría a cuatro patas. Sin embargo, el portador de la maldición no se libra de la sobriedad, sino todo lo contrario: cada nuevo trago le aporta un grado mayor de lucidez.

Se da entre bebedores con estilo, de fuste y generalmente cultos, con frecuencia incluso auténticos intelectuales. Desconozco cuál puede ser el nexo entre esta resistencia al alcohol y la ilustración, como no sea una cruel consecuencia de la aguda máxima bíblica: «Cuanto más conocimiento más dolor.»

No obstante, también puede reportar ventajas en alguna ocasión. Así le sucede por ejemplo a Jean Lombard, el atípico detective intelectual creado por François Riano, un escritor francés de origen español. En su novela *Le triangle scalène*, publicada por Editions Gallimard en su prestigiosa «Série Noire», Lombard, que es un empedernido bebedor que no se emborracha nunca, pero al que tunden las resacas, consigue afrontar y resolver con temple una comprometida situación gracias a su resistencia al alcohol.

La traducción es mía, o sea, chapucera.

> «Popaul volvió con una botella de Johnnie Walker etiqueta negra y un vaso y los depositó sobre la mesa. Oreille me apuntaba con su Walter P-38 y se había metido mi Beretta en la cintura.
>
> —¿Tienes sed, Lombard? —me preguntó Popaul exhibiendo sus dientazos equinos—. Segu-

ro que sí. He oído que tú siempre tienes sed. Pues a beber. Y no te quejarás, es whisky del bueno.

Querían emborracharme y seguramente después tirarme al Sena. A nadie le extrañaría demasiado que un oscuro detective con el estómago lleno de whisky se hubiera caído al río y ahogado. Y el comisario Beaumeule, tal y como estaban últimamente las cosas, daría carpetazo sin investigar.

No me hice de rogar. Según fueran creyendo que el alcohol me iba haciendo efecto, bajarían la guardia y ahí estaría mi oportunidad.

—Así me gusta, Lombard. Que cooperes y que no haga falta utilizar esto, que mete demasiado ruido y hace unos feos agujeros. Buen chico.

Popaul se había sentado enfrente de mí, colocado las manos sobre la mesa y entre ellas su arma, una automática inglesa Webley a la que había quitado el seguro.

Con la botella mediada, comencé a fingir síntomas de borrachera con el consiguiente regocijo de los dos hampones.

—Me caes bien, Lombard. Es una pena que hayas metido tanto las narices donde no te llamaban. Esto no es nada personal, que conste.

Con cada nuevo trago mi mente se despejaba más y más del aturdimiento por los golpes recibidos, mis nervios se enfriaban y los músculos se tensaban. Estaba listo para pasar a la acción.

Cuando apenas quedaba ya whisky, entrecerré los ojos, balbuceé incoherencias e hice la comedia de que era incapaz de apurar el último vaso.

Popaul giró la cabeza para soltarle alguna babosada a Oreille, que le rió la gracia y dejó de mirarme. Era el momento.

Aferré la botella de Johnnie Walker con la mano izquierda y la rompí contra la cabeza de Popaul; con la derecha empuñé la Webley y con las rodillas derribé la mesa en el momento en que Oreille reaccionaba y hacía fuego. Disparó tres veces con la P-38, la mesa quedó tumbada de lado y yo me parapeté detrás. Una cuarta bala agujereó la madera a menos de un palmo de mi nariz. Asomé la pistola por encima y sin apuntar vacié el cargador en la dirección en que estaba Oreille. Después, permanecí quieto unos instantes. Silencio. Por fin me asomé con precaución.

Oreille estaba en el suelo e intentaba taponarse la garganta con ambas manos, emitía un débil estertor y un charco de sangre crecía a su alrededor. Otra bala le había atravesado un muslo. Popaul se recuperaba del botellazo y había atinado a ponerse a cuatro patas. Cogí la Walter del suelo y les metí a cada uno una bala en la nuca.

Antes de irme, limpié todas mis huellas cuidadosamente y recuperé la Beretta.

[...]

El sonido de la cerradura de la puerta de casa me despertó. No sé cómo.

Si abrían con llave sólo podía ser... Por si acaso saqué la pistola de debajo de la almohada. La cabeza me latía como una herida fresca.

Efectivamente era Nicole, mi querida ex secretaria. Oculté la Beretta. Hacía mucho tiempo que no venía a visitarme. Estaba radiante. Yo no podía decir lo mismo, ella me lo dejó claro.

—He traído *croissants* de los que te gustan para el desayuno. Tienes un aspecto horrible. Aparta esos librotes y hazme sitio.

—¿También el *Ulises* de Joyce y *Así habló Zaratustra*?

—Por supuesto.

Había olvidado lo rápida que es Nicole para desnudarse. Lo que sí recordaba perfectamente es su delicioso antojo en forma de pera cerca del pezón derecho. Y comer fruta es muy bueno una mañana de resaca.»

Exenciones

Exactamente lo contrario de la maldición. Seres tocados por el dedo de la fortuna, de misterioso metabolismo, que al día siguiente de una rotunda moña no tienen resaca.

Bebedores contumaces que pasan por la vida sin sufrir jamás la lacra.

¿Es una bendición? Sólo hasta cierto punto. Lo es para el bebedor disciplinado, especie tan poco abundante como el gorila de montaña, que sabe reglarse y agarrarla sólo un par de veces por semana. Porque no beber un día de resaca es bastante fácil; y tampoco hacerlo durante la posterior jornada de reflexión (ver **Prólogo**) en general también, porque quedan residuos del clavo o algo de cordura. Pero ¿qué freno para no pasarse todos los días tiene el bebedor exento de resaca? Sólo la prudencia y el bolsillo, y los bebedores solemos ser cualquier cosa menos prudentes y ahorradores.

La resaca es necesaria, una sabia ley disuasoria impuesta a la naturaleza humana. Su virulencia y poder devastador nos dan aproximada idea de lo que supone la coz del alcohol en el organismo; no sufrir los síntomas nos puede hacer olvidar fácilmente las capacidades ofensivas del señor de la guerra Alcohol. Ya que, naturalmente, la exención de resaca no implica la impunidad hacia los daños físicos y mentales del alcohol.

Conozco unos pocos casos de exentos entre mis amistades y conocidos; incluso a una dama —exclusiva aunque copiosa bebedora de vino y cerveza—, y ya se sabe que las mujeres son más proclives a sufrir severas resacas.

El caso más espectacular es el de un amigo pintor, lo llamaré el señor Glauco. Cerca ya de cumplir los cincuenta, Glauco se bebe al día botella y media de ron, se fuma cuatro o cinco paquetes de Habanos, duerme no más de cuatro horas y tiene fama de que el excedente de priva no le afecta al funcionamiento del cabrestante.

Al día siguiente se levanta como una rosa.

Quizá la explicación en su caso es que no suelta la tajada sorda y ha llegado a un estado de semipedo constante que no deja paso a la irrupción de la resaca. O que su hígado tiene un gran excedente de enzima acetaldehído deshidrogenasa; creo que tiene pensado legarlo a la ciencia si se lo pagan en vida.

En una época de aún más álgida dedicación a la botella, el señor Glauco llegaba a verse a sí mismo acodado al otro extremo de la barra de un bar.

Él y su proyección alucinatoria se saludaban cortésmente.

Elizabeth Taylor contó que su marido Richard Burton se bebía más de una botella de vodka al día y se levantaba sin huella alguna del exceso cotidiano. Hasta que cumplió los cincuenta.

Una mañana preguntó extrañado a su mujer qué le sucedía: tenía náuseas, dolor de cabeza, sequedad de boca y torpeza mental.

«Eso es resaca, querido —le respondió Liz—. Bienvenido al club.»

El gran actor galés murió a los cincuenta y nueve años.

Y quizá el caso más famoso de personaje exento de resacas sea el inseparable compañero del marisabidilla Tintín, el capitán Haddock, ese genial y entrañable «bebe sin sed» creado por Hergé; el mejor personaje de la historia del cómic.

El capitán Haddock es un borrachón de cuidado. Prácticamente en todos los álbumes de la serie le vemos agarrar uno o más pedos a base de su adorado whisky Loch Lomond o de lo que haya a mano. Sin embargo nunca, en ninguna viñeta, se le ve con resaca.

El único atisbo de excepción puede estar en la página 10 de *El asunto Tornasol* y es ambiguo.

Hay una serie de viñetas en que vemos al capitán en el cuarto de baño de su casa, el castillo de Moulinsart. Está en pijama y recién levantado. Se estira y después se mira en el espejo una ojera y los dientes antes de cepillárselos, pero no parece tener resaca. El único dato sospechoso es la observación de la ojera, pero no es concluyente. El aire general de Haddock es enérgico, sin nada que ver con ese gráfico deslavazamiento de la resaca que Hergé, con su puntillismo, hubiera reflejado.

Mi hipótesis es que Hergé quería mucho al capitán Haddock y este personaje era su favorito por encima de todos los demás del maravilloso universo que creó. Y que como muestra de afecto lo dejó exento de resacas o hizo siempre elipsis sobre las mismas, lo cual en este caso viene a ser lo mismo.

Matices

La intensidad y tipo de resaca vendrán derivados de múltiples factores extrínsecos e intrínsecos al sujeto paciente (ver apartado **Clases y subclases**).

Destacaré aquí sólo algunos matices o coadyuvantes destacados.

Calidad y tipo de bebida. Esencial. Una resaca será mayor cuanto peor sea la calidad del alcohol ingerido. Aunque rasque al bolsillo es más que aconsejable consumir sólo buenas marcas.

En los licores será importante la profesionalidad con que se ha llevado a cabo el proceso de destilado y la nobleza de las materias primas.

En Escocia visité las impecables destilerías de la casa Glenfiddich y salí muy confortado y con mi fe en el whisky de malta renovada.

En los vinos a mayor calidad menor presencia de alcohol metanol. El venenoso metanol al metabolizarse se transforma en formaldehído y ácido fórmico, que producen unas resacas muy jodidas.

La presencia de metanol es también mayor en las bebidas de color oscuro como el coñac y menor en las blancas o transparentes como el vodka o la ginebra.

Las bebidas blancas y no dulces contienen además menos residuos tóxicos y menor cantidad de aditivos.

Metabolismo. Obvio y de cajón. Cuanto más sano, potente y trabajador tengas el hígado, más cortas y tenues serán las resacas.

Se dice que el de Richard Burton fue enterrado aparte, con honores militares y salvas de ordenanza.

Tabaco. Los fumadores tenemos más resaca que los que no lo son. Encima, cuando bebes alcohol, fumas mucho más que de costumbre. Durante la *vida* de una copa prácticamente empalmas un cigarrillo detrás de otro. Y si además la trompa ha comenzado por una post comida o cena con whisky o coñac y un buen puro antes de la cadena de cigarrillos y la riada de *gin tonics*, lo pagarás más caro.

Al día siguiente, la mitad de la congestión, buena parte del denso cebollón, se debe a la intoxicación de tabaco, al colocón de nicotina y asfaltado de alquitranes.

El peso. Cuanto más pesa una persona más grasa y agua posee, en las que el alcohol tiende a disolverse y por tanto la concentración de etanol que se produce es menor. A igual cantidad de priva consumida, Stan Laurel tendría después bastante más resaca que Oliver Hardy.

La dieta. Una persona con una dieta alimenticia rica y equilibrada, que coma pocas grasas animales y mucha verdura, fruta, pescado —sobre todo azul— y alimentos con fibra, hará frente mejor a la resaca, por disponer su organismo de la suficiente reserva de vitaminas y minerales, y sufrirá menos que alguien que come poco o mal.

Sexo. Las mujeres asimilan peor el alcohol que los hombres —se emborrachan antes— y tienen en general peores resacas. Sus hígados disponen de menos enzima alcohol deshidrogenasa y sus cuerpos tienen proporcionalmente menos agua. La cerveza es la bebida que mejor toleran.

No deja de ser triste que sea en esto en lo único en que las aventajamos.

En nuestras relaciones, mujeres y hombres solemos llevar, como en tantas otras cosas de la vida, caminos opuestos con el alcohol.

A las mujeres el alcohol les pone cachondas, a nosotros no porque ya lo estamos siempre. Pero aunque ellas se emborrachen antes, nosotros probablemente también nos hayamos puesto bien: un *gin tonic* nuestro por cada cerveza de ellas, por ejemplo. Y en el momento en que se deciden a merendarnos, a su ardor contestaremos con flaccidez.

Esto me recuerda un chiste de humor muy inglés:

«El mayordomo le pregunta a la bella dama.

—¿La señora tomará whisky?

—No, gracias. El whisky me afecta a las piernas.

—¿Acaso se le hinchan a la señora?

—No, se me separan.»

Sin embargo al día siguiente, con el resacón, ellas no querrán saber nada y nosotros estaremos lujuriosos como monos (ver resaca **rijosa**).

Relaciones sexuales. Según lo antedicho, si se tiene oportunidad y capacidad de echar un polvete antes de dormir la trompa, te despiertas con menos resaca. Al menos eso me han contado.

Clima. En los trópicos se tiene menos resaca, es un hecho. Indudablemente influye el que en esas tierras sudas como en un cocedero de langostas y eliminas más toxinas de ese modo, pero esto no es suficiente explicación, el alcohol se metaboliza del mismo modo que en Laponia. Misterio por tanto.

Recuerdo una nochevieja en la República Dominicana. Bueno, recuerdo... La última imagen que conservo es la de intentar encaramarme a la alta barra de troncos de un chiringuito de playa y al educado mulato que la atendía diciéndome «vamos a tener que atizarle al señor».

Amanecí en la playa, amnésico (ver resaca **amnésica**), pero con una resaca física muy soportable. Una trompa de ese calibre en casa me hubiera costado un ingreso en la unidad de cuidados intensivos del hospital.

Condiciones anímicas. Subjetivo y discutible, pero con visos de veracidad. Si te emborrachas a gusto, en buena compañía o armónica soledad, disfrutas de una buena conversación o incluso ligas, aunque la consumación la dejes irresponsablemente —polvo que desprecias ya no lo echarás nunca— para otro día más atlético, tendrás quizá menos resaca que si te metes en una bronca —aunque hay nobles intercambios de hostias, sin botellazos ni navajas, que relajan— o aguantas a tontos o a plomos.

Edad. Las resacas se agravan con la edad.

A los veinte años te levantabas con dolor de cabeza y un poco jodido. Desayunabas, te fumabas un canuto, te soplabas unas cervezas a media mañana y como nuevo.

Exactamente a partir de los treinta y cinco años, en coincidencia con el momento en que te das cuenta de que todo es mentira, las resacas son atroces y pueden llegar a durar más de un día (ver resaca **demoledora**).

Imagino la vejez como una especie de resaca continuada y más o menos feroz según la conservación de la carpintería del barco.

La resaca no es exclusiva del ser humano, los animales también la padecen.

Mi amiga Magenta tiene un perro, un simpático mil leches blanco que no atiende al nombre de Trotsky porque está sordo como una tapia.

A Trotsky le encanta la cerveza —Roy Bean, el

juez de la horca, tenía un oso que bebía cerveza. Hablaré después de él, del juez, no del oso, en la resaca *ira teneatis*—. Lo descubrieron por casualidad, por un vaso que se cayó en casa. El perro lamió el dorado líquido con delectación hasta la última gota, lo cual no tiene nada de extraordinario; recordemos que a Milú, el perro de Tintín, le pierde el whisky.

A Magenta le gusta llevarse a Trotsky con ella cuando sale de marcha. Es chica sencilla y rockera y frecuenta locales de abrevar cerveza, fumar mucho canuto y escuchar música a volumen atronador —probable causa de la sordera del perro—. Entre el ambiente cargado de humo de hachís y marihuana, las cañas que se caen y los botellines no vacíos del todo que vuelan, el animal se agarra unos tremendos colocones.

Dice Magenta que al día siguiente Trotsky está tirado o dormido la mayor parte del tiempo, tiene cagalera, bebe más agua de lo normal, gruñe por todo y si ella come ensalada de lechuga, cebolleta y tomate, le pide.

Consejos básicos

Con independencia del tipo de resaca o de la intensidad de la misma, hay una serie de premisas a tener en cuenta, unos consejos de manual para seguir durante el día de naufragio. Se basan en la experiencia, es decir, en haber cometido esos garrafales errores personalmente. Todos ellos son de contenido negativo o más bien pasivo y de abstención: lo que conviene no hacer.

En mayor o menor medida toda resaca, aparte de las peculiaridades sicológicas que despierta o adormece en cada víctima, presenta un cuadro cuasi universal y colectivo que nos hermana a todos los que la sufrimos: malestar físico con pequeños matices diferenciales —según donde se intensifica el estrago: cabeza, ojos, garganta, faringe, estómago, riñones (el hígado no duele, el muy traidor), intestinos o todos ellos a la vez—, desorientación, aturdimiento general, fuerte sensación de vulnerabilidad, indefensión y notable impericia para casi todo.

Partiendo de esta base general, hay una serie de actividades, atolladeros y entuertos que nunca se deben practicar, entrar en sus laberintos ni desfacer con resaca.

Sin ánimo exhaustivo, pues muchos de ellos los puede deducir el lector por asociación de conceptos, traslación elemental o mayéutica —por ejemplo, no hace falta incluir la conveniencia de no presenciar una autopsia con resaca—, éste puede ser un sucinto listado de consejos básicos:

No viajar en avión. Si siempre es terrible y durante el despegue y aterrizaje espeluznante, un vuelo con resaca puede adquirir la categoría de aterrador.

Da igual que no haya la mínima turbulencia y que las azafatas —ese atractivo barómetro que refleja en sus agraciados rostros lo que realmente sucede dentro del artefacto— no alteren la maquinal sonrisa durante todo el viaje. Si encima el vuelo es movidito o te pilla una tormenta, habrá que someter a una dura prueba la escasa capacidad de autocontrol de un día de resaca: concentrarse en burlar al pánico y evitar así hacer el ridículo.

No hay que volar con resaca. Pero si no queda otro remedio que meterse dentro del inquietante cigarro, pero ningún otro remedio —me refiero a casos extremos como que te pillara la evacuación de Saigón durante la guerra de Vietnam y fueses de la CIA—, entonces lo mejor es atizarte en el bar de la terminal del aeropuerto un par de whiskys; una vez a bordo y antes del despegue, abrocharte el contenido completo de la petaca, que naturalmente forma parte indispensable de tu equipaje de mano, y pedir un par de esas minúsculas botellitas antes de que empiece el desfile del carrito de la naranjada y el agua mineral, y otras dos cuando llegue el carrito a tu asiento.

Si la petaca era de profesional, es decir, por lo menos de treinta y tres centilitros, a la resaca y al merodeo del pánico se sucederá un estado de manga sorda y te dará lo mismo que el maldito avión pegue botes o que os persiga un misil.

Corres el riesgo de que te entren ganas de vomitar con tanto whisky ingerido a partir del frágil andamio de la resaca, sobre todo si son las nueve de la mañana y tienes el estómago vacío, pero hay que asumirlo. Mirar por la ventanilla te dará fuerzas para seguir bebiendo.

Se puede completar la maniobra de distracción del pánico si entablas cualquier tipo de conversación con el compañero de asiento, aunque sea tan simpático como Franco o nos recuerde al vampiro de *Nosferatu*, pero habrá que ingeniárselas para no convidarle a la petaca, necesitas cada gota de agua de fuego como un hombre rana cada centilitro de oxígeno.

No ir a un parque de atracciones. Y si vas, evitar la montaña rusa, la noria, los autos de choque e incluso el tren de la bruja; que monte el niño solo o pagas a algún golfillo de los que suelen merodear por esos ambientes para que le acompañe.

No utilizar el metro. Y menos, por supuesto, en hora punta. Aun en domingo a las nueve de la mañana te resultará una experiencia traumática. Aunque refrenes la vertiginosa atracción por tirarte a las vías en el momento en que llega el convoy con su violento fragor, dentro te aguarda la claustrofobia y la descompensación del sistema nervioso que ocasionan los constantes frenazos y acelerones.

Encima, en el metro de Bilbao, como es de diseño, las escaleras de acceso a los andenes no tienen unión entre los peldaños y dan vértigo de verdad.

No ceder a los intentos de entablar conversación de un taxista. En ningún lado, pero sobre todo en Madrid.

No ir a discotecas. Esa aberración, el *bakalao*, junto con las luces sincopadas, te pueden matar. Además, como estás más susceptible de lo habitual, te parecerá que el gorila de la puerta te pone mala cara al entrar, le increparás y es probable que te lleves una hostia.

Huir de las fiestas populares. La suma de aglomeración chusmaria —el rebaño humano despide mucho calor y hedor, como el ganado—, el innoble olor a fritanga de churros y el horrendo sonido de las dulzainas —algo así como una grabación de baja calidad y puesta a más velocidad de la normal del llanto de un incansable bebé—, puede ser como un estilete en las meninges.

No llevar la contraria al cónyuge. Bajo ningún concepto. Como si te dice que la nieve es azul añil o que últimamente te pareces a Peter Lorre o a Lola Gaos: tú, imperturbable; te pones a silbar la melodía de *El puente sobre el río Kwai.*

Lo que comienza por una trivial y suave discusión por cualquier chorrada doméstica puede derivar, albarbada en la harina de tu resaca, en trifulca a la italiana de gritos destemplados, maldiciones imaginativas, puñetazos en las paredes, portazos —platos al suelo sólo en las películas, cuesta dinero reponerlos— y tragicómicas preguntas y exclamaciones a los dioses: «¿Por qué no me moriré de una vez?» «¡Qué trampa de vida!» «¿Cuándo me fulminará de una vez el infarto?»

No olvidemos que el respectivo cónyuge es la persona que mejor sabe salpimentarnos las llagas y a la sazón la que más capacidad tiene para sacarnos de nuestras casillas. Además, es consecuente: no duda ni durante un segundo en ejercer su poder.

No acudir a partidos de fútbol, conciertos de rock ni demás espectáculos de masas. Sufrirías a la vez agorafobia y claustrofobia, aparte de tener encima todo el tiempo la espada de Damocles de un siempre posible tumulto. Y sin olvidar la monstruosa agresión auditiva.

No ir al teatro, la ópera ni el ballet. Ni a cualquier otro espectáculo en el que haya un contacto visual de los artistas con el público.

En el cine no pasa nada. Si te entra un ataque de tos, aerofagia, risa nerviosa o estornudos, te levantas y protegido por la oscuridad te largas discretamente. En un teatro estarías atormentado por la posibilidad de que la resaca te produjera uno de estos accesos. Te obsesionarías hasta acabar provocándote la crisis. Y como hay más luz que en el cine te miraría todo el mundo durante tu torpe huida, incluidos los actores que de un modo imperceptible, salvo para ti, interrumpirían la obra en el mismo instante en que sientes que las piernas se te doblan.

Librarse de actos sociales y celebraciones de todo tipo. Nada de bodas, comuniones, bautizos, comidas de ex alumnos o cenas literarias. Si en general toda mesa de más de tres personas resulta multitudinaria, con resaca es insoportable. Lo primero que hace la gente cuando se sienta a una mesa concurrida es hablar a gritos. Si el ágape es en el País Vasco y de tono popular, además cantarán en coro y a voz en cuello después de los postres.

En las celebraciones con acto religioso previo: bodas, comuniones y bautizos, al horror del banquete se añade el paso por la iglesia. Si no te has podido librar de la puñetera invitación, por lo menos pasa de la iglesia. Una misa es fatal para la resaca. Al tedio del acto hay que añadir la ñoñez si intervienen niños que nos recuerdan los males del mundo, las estupideces que dice el cura en la homilía, al virtuoso organista, al coro de voces blancas y el olor a cirios y a incienso que marea un montón.

Por ejemplo, a mi amigo el señor Púrpura ir a la iglesia con resaca le costó una conmoción cerebral. Se coló en la trayectoria del botafumeiro en la catedral de Santiago de Compostela.

A lo único que se puede ir es a los funerales y más actualmente que ya no son de cuerpo presente. No hay ágape, echas una tarjeta, das el pésame y te vas a tomar una cerveza con algún otro en tu estado —si es el funeral de un amigo siempre habrá alguien más con resaca— cuando llega la hora de entrar a la iglesia.

No ir al médico. Ni al hospital, ni a un ambulatorio. El único establecimiento sanitario amigo del resacoso es la farmacia: lugar donde se encuentra Alka-Seltzer, aspirinas y pastillas de vitamina B_6 y B_{12} con extracto de alcachofa.

No vayas al médico o a un hospital a no ser que te haya pillado un coche. Y entonces será porque te llevan en ambulancia sin consultarte. Si caes en sus manos es muy posible que en cuanto te echen una ojeada, aunque les digas que vas porque tienes hemorroides o pie de atleta, te manden hacerte un chequeo y después ya nunca te dejen escapar de sus redes.

Huir de los pesados. Si siempre es conveniente mantener un contacto sólo visual y en espacio abierto con ellos, esquivarlos cuando se tiene resaca es tan vital como que el corazón bombee.

El tipo con la facilidad de palabra de un enfermo de cordel, como lo hubiera calificado Quevedo, al que le has escuchado la tediosa historia de turno a duras penas y seguido te la cuenta de nuevo agarrándote del brazo para que no escapes, puede costarte la fosa.

No hacer ejercicio. Como mucho pasear y a paso reposado y por paraje tranquilo.

Si toca echar un polvo, el único ejercicio aceptable, procura adoptar una posición receptiva y que el esfuerzo lo realice la otra parte. No cargues la espalda, te sostengas a pulso ni fuerces los riñones. Y nada de levantamientos contra la pared en plan Marlon Brando en *El último tango en París*.

Y por supuesto, no corras bajo ningún concepto. Si viene un coche lanzado y estás en medio de la calzada, ya parará. Si te persigue un madero, déjate coger; resistencia pasiva, como Gandhi.

Por cierto, al hilo de lo mal que sienta correr con resaca y de maderos. En *Tiro mortal*, una película policiaca de 1989 dirigida por John Frankenheimer, el poli, Don Johnson, que sufre una resaca de espanto, tiene que pegarse un carrerón de muerte detrás de un delincuente. Cuando lo atrapa, lo tira al suelo, le pone las esposas y él se pone verde: le vomita encima. El pobre delincuente pide socorro y clama por los derechos humanos.

No escuchar ni contemplar nada excesivamente gracioso. El ataque de risa, la carcajada imparable, si es muy intensa, te cortará el suministro de oxígeno al cerebro. La sensación es lo más parecido a morirse que conozco y con resaca llega al hiperrealismo. Es conveniente por tanto no acudir a esa película respecto a la que la gente de la que te fías dice que te partes, huir de ese amigo que cuenta chistes que tienen gracia y si ves por la calle a alguien que va a pisar una piel de plátano mira para otro lado o si eres bueno y está en tu mano, evítale la caída.

No pegarse con nadie. Aunque ganes; con resaca la descarga de adrenalina es tan fuerte que parece que te va a dar una apoplejía; y después del boxeo entra taquicardia y mal rollo mental.

Y si pierdes la pelea, recibir una tunda con el clavo encima es la cocina del infierno.

No pasar nunca por una calle en obras. Sobre todo si está en funcionamiento una taladradora o una de esas ruedas dentadas para cortar adoquines y baldosas que produce un chirrido largo, agudo e inhumano que da ganas de gritar de pánico, rotaflex creo que se llama. O cuando están asfaltando la calzada y echan el galipote, ese alquitrán negro y caliente que tiene feo hasta el nombre y huele a rayos. Un conocido decía que el olor del galipote le recordaba al del regaliz de la infancia. He oído que hace poco lo han incapacitado sus hijos y encerrado en un cotolengo.

No acercarse a viejas perfumadas. No es broma. Muchas señoras de la tercera edad, las de tipo cacatúa sobre todo, suelen rociarse con profusión de perfumes especialmente dulces y penetrantes que al contacto con la piel marchita multiplican el área de influencia y su poder de aturdimiento y mareo.

No hablar en público. Si se tiene una de esas profesiones en las que con frecuencia hay que largar en público, como escritor, político o charlatán de feria, conviene no hacerlo con resaca. Los nervios te pueden jugar una mala pasada, magnificarse el miedo escénico y quedarte en blanco o si se lee algo hacerlo con la voz del gallo Claudio y una respiración como preorgásmica.

No enviar ningún fax ni correo electrónico. Salvo para cuestiones de absoluta neutralidad. Lo escrito, escrito queda y no hay vuelta de hoja. Con resaca se tiene el doble de mala leche. Deja para el día siguiente ese mensaje en el que te quejas del impago de una factura, trato desconsiderado o agravio de cualquier tipo. Es muy posible que cargues las tintas, saques los pies del tiesto y montes un cristo desproporcionado del que después te arrepientas.

No tomar el sol. Está bien ir a una piscina o a la playa a darse un baño. El agua fresca y el hidromasaje son buenos para el cebollón resacoso, pero en cuanto uno se ha secado hay que huir a una terraza completamente en sombra o mejor todavía a un interior con aire acondicionado —a toda esa gente que dice que no le gusta el aire acondicionado la pondría a atravesar el Sahara con la única compañía de una cantimplora llena de cazalla—. Una exposición al sol puede ser fatal para una cabeza sufriente.

Y en fin, en general, mantener prevenciones y esquivar obstáculos y agresiones siguiendo los dictados que la simple lógica y la mera prudencia nos aconsejen.

De ningún modo y por muchas precauciones y medidas que tomemos conseguiremos transformar la resaca en una experiencia agradable, pero al menos la sobrellevaremos en condiciones dignas y tendentes a minimizar el estrago en vez de agudizarlo con una conducta irreflexiva y atolondrada.

A la resaca, por el contrario de todo lo antedicho, conviene el silencio, la introspección, la quietud, la sombra, los colores suaves, la soledad, la contemplación, el sosiego...

Todo lo que nos aleje o distraiga de su naturaleza: la entropía, la línea de sombra, el caos, la inercia oscura, la charca verde de aguas pantanosas que despide efluvios mefíticos y en la que mora la criatura del pantano.

Lo mejor es no salir de casa en todo el día, no atender al timbre de la puerta, descolgar el teléfono y apagar el móvil.

O si se tiene jardín, se vive en el campo o frente al mar, restañar el hachazo en la cabeza con el delicioso rumor de la brisa entre las hojas de los árboles, el canto de los pájaros al amanecer —eso sí, pocos; aunque lo probable es que uno vuelva a esa hora, lo que traiga es la trompa, no la resaca, y se la suden los volátiles o ni los oiga—, pasear por una playa desierta, el sonido de las olas, pisar descalzo el césped recién regado, la contemplación de una rosa, de las nubes o de un hormiguero, una tormenta lejana, el repiqueteo de la lluvia, el olor de la tierra mojada...

Yo vivo enfrente de una catedral gótica y me relaja mucho la contemplación de las gárgolas, que ya me sé de memoria.

El nirvana de un resacoso puede ser una lectura amable —y fácil—, previa a la siesta del carnero[1], en una cómoda tumbona, durante un radiante día de primavera con el cielo azul y veintiún grados de temperatura, bajo un limonero o almendro en flor, recibiendo la brisa del mar, con un helado *Bloody Mary* en la mesa auxiliar, mientras una persona con la que mantengas una empatía sexual te da un suave masaje en los hombros, escuchas el rumor del agua que produce el surtidor de una cercana fuente y sientes su frescor.

Amén.

---

[1] La de antes de comer.

Huellas en la antigüedad

Es sabido que la humanidad se ha colocado de un modo u otro desde la noche de los tiempos. El hombre ha procurado desde antiguo escapar por un rato a la maldición bíblica del «ganarás el pan con el sudor de tu frente» y ha nublado su lucidez para ser menos consciente del «pesar del corazón y los mil naturales conflictos que constituyen la herencia de la carne», que tan certeramente acota Shakespeare por boca de Hamlet en el famoso monólogo.

La presencia del vino más antigua que se conoce se debe al hallazgo arqueológico de un ánfora con residuos de ácido tartárico en un poblado neolítico en Zagros, Irán. Los análisis la fecharon hacia el 5000 a.C.

Se sabe que en Babilonia se bebía cerveza en el 4000 a.C. y en Egipto mil años después.

Y que los romanos fueron los primeros en beber

en serio, ya que a ellos se debe la invención de la técnica de la destilación[1] hace unos dos mil años.

Sin embargo, las huellas de la resaca en la antigüedad son muy escasas o no se han descubierto.

Quizá simplemente es que los antiguos no la constataron por no parecerles importante; un mal menor poco digno de tenerse en cuenta.

El hombre antiguo convivía cotidianamente con el dolor lo suficiente como para despreciar por baladíes los malestares de una resaca. La cirugía se practicaba sin más anestésico que el propio alcohol o sustancias adormideras y las enfermedades víricas e infecciosas apenas se sabían detener.

Estoy de acuerdo con la teoría de mi amigo el doctor Fombellida, que sostiene que la resaca es un mal del que se toma consciencia sólo a partir del racionalismo, la ilustración y la modernidad, ya muy mediado el siglo XVIII o entrado el XIX; y por supuesto sólo entre la alta burguesía y la nobleza.

Un siervo de la gleba de la antigüedad que llevaba una existencia pisoteada y su principal preocupación era no perecer de inanición o en la guerra, es difícil que se demorase en pensar que el bendito pedo que había tenido la suerte de poder agarrarse la noche

---

[1] Así lo dice mi seria fuente consultada, pero no sé con qué técnica podían conseguirlo. Para la destilación es imprescindible el alambique o alquitara, invento árabe muy posterior.

anterior y le había hecho olvidar por un rato sus males le causaba dolor de cabeza al despertarse.

La aristocracia sí podía reparar algo en la cuestión, por su vida ociosa y regalada, y en relación a ellos se hallan la mayoría de las escasas huellas.

La referencia más antigua a la resaca se encontró en los jeroglíficos de la tumba de un general egipcio. Fue descubierta por un explorador y egiptólogo ruso en el siglo XIX, cerca de Tebas. El descubridor se llamaba Sergei Tolstói y no se sabe de él ni siquiera si era hermano —uno se llamaba igual— del célebre autor de *Guerra y paz*.

El ruso anotó todo lo que vio y descubrió en la cripta, que había sido saqueada por los ladrones de tumbas, en un cuaderno que apareció por circunstancias azarosas después de la Segunda Guerra Mundial.

La tumba, que nunca volvió a encontrarse y por tanto lo único que queda de su existencia es el testimonio de Tolstói, pertenecía al general Tetmosis, del que nada sabe la historia, que al parecer vivió en tiempos de Nefapetre —2060 a 2010 a.C.—, uno de los nombres de Mentuhotep II, faraón del imperio medio.

Tolstói refiere que en una de las series de pinturas jeroglíficas se ve a jefes militares empinando el codo. Uno de los jefes, seguramente el general Tetmosis, quiere yacer después con una mujer y se entiende que ella le rechaza. Después, la mujer, para resarcirse del gatillazo, tiene relaciones carnales con dos esclavos nubios a la vez. Más adelante se ve al general tendido en el lecho y con unos paños en la frente. En los últimos dibujos, el general mata con su espada a los dos esclavos mientras la mujer, caída en el suelo, llora.

Muy posterior, pero de primera mano, es la aportación del poeta chino Mang Tsé, que vivió unas décadas después de Confucio, durante la llamada época Chan Kuo —403 a 221 a.C.— o de los reinos guerreros, cuando el país estaba dividido en estados feudales independientes.

En uno de los pocos poemas que nos han llegado de él, Mang Tsé dice en unos sencillos versos:

> *Has bebido mucho y estás ebrio porque tu corazón se alegra como con el nacimiento del nuevo día.*
> *Festejas el nacimiento del hijo varón que trabajará la tierra cuando seas viejo.*
> *Y te importa menos que perder al chou* [juego desconocido] *que cuando pase el gozo de la celebración te sientas enfermo por los excesos.*

En la antigua Grecia, Hipócrates recetaba a sus pacientes con dolor de cabeza tomar una infusión de corteza de sauce. No iba desencaminado. El principio activo del sauce, la salicina, se convierte al sintetizarse en ácido salicílico, el antecedente de la aspirina.

Entre los romanos —como es sabido las clases pudientes le pegaban bien al tanque— se encuentra algo más sobre la resaca.

Plinio el Viejo, 23 a 79 d.C., el autor de la famosa *Naturalis Historia*, refiere que durante sus bacanales los romanos adornaban el *triclinium* de la *domus* con muchas violetas, en la creencia de que estas aromáticas flores disminuyen los efectos del alcohol. Para los males del día siguiente recomendaba una infusión de cardos y artemisa y visitar los baños públicos.

Otro importante historiador, Suetonio, que vivió más o menos entre el 70 y el 140 d.C., recogió en su principal obra, *Vida de los doce Césares*, la forma de gobernar y los usos y costumbres de la primera docena de emperadores.

Cuenta Suetonio que el desaforado Calígula combatía las resacas con infusiones de poleo y ordenando alguna ejecución —y quizá echándole un polvo a su mórbida hermana Drusila, imagino.

En el *Satiricón* de Petronio, los protagonistas, Eucolpo y Ascylto, después del inacabable y felliniano banquete en casa de Trimalcio, aunque terminan borrachos como cubas, no hacen la menor referencia a encontrarse mal al despertarse. El único indicio de resaca (tipo ***ira teneatis***) es que Eucolpo se despierta muy mosqueado porque el otro se ha beneficiado al lánguido Gitón y quiere resolver la afrenta a espadazos.

Sí habla de estar fatal Trimalcio, el anfitrión, a mitad de la bacanal, pero de lo que se queja es de estreñimiento y dice que se lo ha aliviado una infusión de corteza de granada y acederas en vinagre.

Tampoco recuerdo alusión alguna a la resaca en la otra novela que nos ha llegado de los romanos: *El asno de oro*, de Apuleyo.

No obstante, sí hay un explícito diálogo sobre la resaca y una *apetitosa* receta para remediarla en un fragmento de novela, lo único que se conserva de la misma, escrita por un tal Glabro, que vivió al final de la república, en el siglo I a.C.

Del fragmento, apenas tres capítulos, no se deduce el título de la obra. Es, como las otras dos novelas romanas conocidas, una mezcla de narración erótica y satírica con algún apunte histórico.

Glabro cuenta de sí mismo en una digresión que antes que escritor fue legionario —combatió en Hispania por la república en las guerras sertorianas—, esclavo y gladiador y logró la manumisión en Roma luchando en la arena.

Llama a la resaca «fatiga que da el vino».

Dice así:

«—Si tan borracho estoy no me hagas caso. Tú tienes que estarlo más, pues yo bebí con una corona de violetas en la cabeza y hasta eché algunos pétalos al vino.

—Claro que estoy borracho, ¿qué te has creído? Si no, te hubiera dejado solo incluso antes de la puesta del sol.

—Eres un desagradecido, Tigelio. Después de todo lo que yo hago por ti.

—Estoy harto de tus palabras de necio. Me voy a echar a dormir en cualquier parte, no hace frío.

—Ven a casa. He repudiado a mi mujer y ya no tendrás que aguantarla más. Yo tampoco.

Rucio se rió como un imbécil. Pensé que debía aceptar su invitación y robarle los sestercios cuando durmiera la borrachera. Vi el bulto de la bolsa bajo su toga y los dientes se me afilaron como los de un lobo.

—Ya verás. Cuando nos levantemos voy a preparar un desayuno digno de sabinos. Pulmón de jabalí hervido y huevos de lechuza crudos. Lo mejor para quitar la fatiga que da el vino.»

Presencia en las artes

Desde luego no consta en la arquitectura, en la música ni en la danza, al menos de un modo explícito. Aunque durante el siglo XX se hayan construido algunos edificios, compuesto ciertas sinfonías dodecafónicas y pergeñado coreografías que parecen revelar unas pertinaces resacas de sus artífices.

Otro cantar es la canción popular, en la que Chavela Vargas, Edith Piaf, Frank Sinatra, Dean Martin, Sammy Davis *junior*, Neil Young, Sid Vicious, Jimi Hendrix, Lou Reed, Mick Jagger, Jim Morrison o Janis Joplin seguro que tuvieron algo que decir sobre la resaca.

En escultura no conozco manifestación alguna. En este campo de las artes cobra importancia el carácter íntimo y muchas veces indescubrible de la resaca.

¿Quién, salvo el propio Rodin, sabe si *El pensador* se sostiene la cabeza con la mano porque le apesadumbra un clavo?

En pintura sucede casi lo mismo.

Evidentemente, el alcohol sí ha sido tema de frecuente recurrencia para muchos maestros. Todos tenemos en la retina *Los borrachos* de Velázquez o a multitud de personajes de Brueguel pegándole al frasco o con claros síntomas de haberle pegado. Pero salvo la excepción de dos obras, no conozco ningún otro cuadro que refleje a seres resacosos, aunque sin duda los habrá.

Hombre, sin ánimo de coger el tema por los pelos, a tenor de la biografía y la obra de Francis Bacon, sí podría conjeturarse que los personajes de sus atormentados retratos —y sobre todo autorretratos—, entre otros males existenciales también padecen resaca.

Otro tanto sucede con los melancólicos y solitarios personajes de Edward Hopper que se sientan en esos bares vacíos y adustos en los que casi se oyen zumbar los fluorescentes, o en las camas de esas habitaciones desnudas de perdidos moteles de carretera. Pero no son más que simples elucubraciones por mi parte; lo mismo están todos ellos frescos como lirios en un jarrón lleno de agua de manantial con una aspirina.

Hablando de aspirinas (ver en capítulo **Paliativos** apartado **Fármacos**), sí conozco un cuadro que se puede citar. Precisamente se titula *Uncle Bob with a Hangover*. Está en el Museo de Arte Moderno de Nueva York y fue pintado en 1962 por un tal Jack Magnano, cuyo estilo me recordó al realista de Antonio López.

En la pintura, un óleo, se ve en plano medio al tío Bob, un tipo cejijunto semiincorporado en una cama de barrotes de hierro, con camiseta de tirantes y barba de un par de días. Mira al vacío con expresión de desolada vacuidad y parece un ser primario. A su lado, en la esencial mesilla, no hay más que un flexo metálico abollado, un vaso de agua casi vacío y una tira de aspirinas a la que le faltan dos comprimidos. Una luz natural lechosa inunda la habitación, pero no hay sol.

Todo muy convencional salvo por un par de inquietantes detalles que hacen juego simbólico con los barrotes de la cama, que a su vez operan como metáfora de los barrotes de una celda.

La colcha, de color resaca, o sea gris verdoso, tiene en un extremo un bordado en grueso hilo rojo que forma con torpe caligrafía una palabra: «*murder*», asesinato. Y en el único fragmento de pared que se ve, el que queda sobre la mesilla, hay una fotografía en blanco y negro, clavada con una chincheta, en la que se distingue una silla eléctrica.

La otra pintura que conozco, también un óleo, se debe a Toulouse Lautrec y es de 1887 o 1888. Se titula *Resaca: la bebedora*. Muestra a una mujer de perfil sentada a una mesa de café. Mira al frente con decisión, remarcada por su prominente barbilla y nariz afilada, pero pesa en el rostro la tristeza y la preocupación; sin embargo no se le aprecia ese aire de desvalimiento propio de la resaca. En la mesa hay una botella de vino tinto medio vacía y un vaso con apenas un dedo de líquido.

La mujer del cuadro es Suzanne Valadon, que fue lavandera, trapecista de circo, pintora y se relacionó mucho con los impresionistas —llegó a ser modelo de Renoir—. Pretendió casarse con Lautrec y al ser desdeñada por éste, intentó suicidarse. Fue madre del pintor alcohólico Maurice Utrillo alias *Litrillo*

La literatura y el cine sí han mostrado con profusión la resaca.

En literatura hay multitud de obras que giran en torno al alcohol y en las que sus personajes sufren resacas.

Al igual que en sus manifestaciones en la vida cotidiana y en la historia, la resaca prácticamente no aparece en los libros hasta el siglo XIX y sobre todo el XX.

Utilizando como único archivo la memoria, me vienen al recuerdo algunas desoladas mañanas de Philip Marlowe, el detective creado por Raymond Chandler —para mí el mejor personaje y las mejores novelas de género negro—; *El hombre delgado* de Dashiell Hammett; las resacas aplanadoras de Henry Chinaski, el *alter ego* de Charles Bukowski, después de haber pasado toda la noche bebiendo vino malo y cerveza caliente; los clavos rápidamente atajados con más alcohol de Thomas Hudson en *Islas en el golfo*, de Hemingway; la borrachera constante o la resaca constante, según se mire, de Geoffrey Firmin, el cónsul inglés en Cuernavaca, México, en la nihilista *Bajo el volcán* de Malcolm Lowry; el alcohol en la obra de Jack London; el embotamiento y la ofuscación tras la cena que deciden a Macbeth a apuñalar a su rey; Athos consolándose con la bebida y deprimido por la resaca tras descubrir quién es en realidad *milady* de Winter en *Los tres mosqueteros*; los enfebrecidos y sepulcrales personajes femeninos de Poe; el asesino de Ignacio Aldecoa en *Con el viento solano*, agobiado por el viento abrasador, la resaca de aguardiente y un sol expresionista que no hace sombras...

Hay un relato de Ambrose Bierce perteneciente a *Cuentos de soldados y civiles* que se titula *Muerte en Resaca*. Se refiere a Resaca, población de Georgia.

Y hay una novela de Juan Goytisolo que se titula *La resaca*, pero no la he leído y no sé de qué trata. Imagino de todos modos que se referirá a la resaca del mar.

A lo largo del libro utilizo referencias y fragmentos literarios a modo de ejemplos o descripciones, sobre todo en las **clases y subclases** de resacas.

El cine también nos ha dado unas cuantas memorables resacas. Muchas de ellas en el *western*.

Por ejemplo: Robert Mitchum en *Eldorado*, de Howard Hawks, al que en plena resaca un joven James Caan le da un brebaje —del que recuerdo que entre otros ingredientes llevaba ipecacuana y pólvora— que le incendia el estómago en cuanto prueba una gota de *bourbon*; Victor McLaglen y sus tres compañeros, todos ellos con una tundidora resaca, castigados a transportar estiércol y degradados de sargentos a soldados rasos tras haber cumplido a rajatabla la orden de *destruir* una partida de whisky infecto destinado a los indios en *Fort*

Apache, de John Ford; Gary Cooper moviéndose al ralentí por el resacón, tras despertar abrazado al también beodo Roy Bean (ver resaca ***ira teneatis***), encarnado por Walter Brennan, en la estupenda *El forastero*, de William Wyler; Warren Oates y Ben Johnson, feroces hermanos en *Grupo salvaje*, la obra maestra de Sam Peckinpah, resignados a reemprender el camino después de una tremenda juerga de alcohol y mejicanas; Paul Newman con la cara metida en un lavabo lleno de hielo picado en *El golpe*, de George Roy Hill; el terrible calvario de Ray Milland en *Días sin huella*, de Billy Wilder, cuando arrastra su síndrome de abstinencia y la máquina de escribir para empeñarla y poder comprar una botella, sin darse cuenta de que es la fiesta del Yomkippur y que todas las tiendas de empeño están cerradas por regentarlas judíos; el capitán Willard, Martin Sheen, tras una borrachera solitaria y autolesionadora en una sofocante habitación de un hotel de Saigón en *Apocalipse Now*, de Francis Ford Coppola; el aterrador ataque de *delirium tremens* de Jack Lemmon en *Días de vino y rosas*, de Blake Edwards, en el que el espectador imagina el horror de sus alucinaciones sólo con ver su cara y las muecas de espanto; y el explícito de Yves Montand en *Círculo rojo*, de Jean Pierre Melville, en que se despierta rodeado de grandes insectos verdes...

Al igual que con los libros y en el mismo sentido, utilizaré más adelante también algunas referencias a películas.

En cuanto al cómic, reseñada ya la resaca de Obelix y la ausencia de las mismas del capitán Haddock, nos encontramos con un ilustre trompa y resacoso: Jimmy McClure, vieja esponja inconsumible de edad incalculable y uno de los personajes habituales de las extraordinarias aventuras del teniente Blueberry de Charlier y Giraud —o sea, Moebius.

Los fabulosos Freak *Brothers* de Shelton, Sheridan y Mavrides. Tres pasotas y atemporales *hippies* que le pegan a todo y tienen unas resacas espectaculares, especialmente el más toxicómano de los tres, el omnívoro, adicto a la comida y a la cerveza *Fat* Freddy, que es capaz de beberse un barril de una sentada para cabreo de sus colegas Phineas y Freewheelin Franklin.

El gran Will Eisner, el creador de Spirit, abunda en personajes dipsómanos y tirados, sobre todo en los álbumes que tienen a la ciudad de Nueva York de fondo.

Lucky Luke de Goscinny y Morris muestra algún resacoso memorable. Los idénticos y escalonados hermanos Dalton se agarran alguna cogorza, especialmente el más tonto, Averell. Y en *Western circus*, el director de la *troupe* es un impagable borrachón con la cara de W. C. Fields, el genial y lóbrego humorista del que se podía haber sacado vodka destilándole la patata que tenía por nariz y al que se debe la célebre frase: «Alguien que detesta a los animales y a los niños no puede ser mala persona del todo.»

El ácrata gato Fritz de Robert Crumb o *mister*

Snoid, el enano repugnante que vive en el culo de una negra maciza, tienen una alta querencia por la botella.

Alack Sinner, el descreído detective privado de Muñoz y Sampayo, se levanta con un concierto de banda municipal en la cabeza más de una vez.

Los patéticos burgueses trepas de Lauzier muestran algún que otro generoso clavo después de una noche *divina*. Por ejemplo el ridículo protagonista de su obra maestra, el demoledor álbum *La carrera de la rata*.

Caso aparte merece la aparatosa, y nunca mejor dicho, contribución de Leonardo da Vinci al mundo de los paliativos de la resaca.

Leonardo, el hombre renacentista por antonomasia; nada que ver con el sentido de polivalencia humanística que adjudica James Ellroy a su despiadado personaje Pete Bondurant en *América*: «Pete era todo un hombre del Renacimiento: proxeneta, traficante de drogas, matón con licencia de investigador privado.»

Entre sus múltiples dedicaciones y facetas artísticas, da Vinci fue jefe de cocinas del poderoso duque de Milán, Ludovico Sforza, llamado *El Moro*.

Leonardo inventó en esa época y con dispar éxito multitud de ingenios para facilitar las labores de cocina. Son memorables su cortador de berros gigante, tan peligroso que Sforza lo utilizó como arma contra los franceses, y la demencial máquina picadora de vacas.[1]

Pero también inventó un artilugio para hacer más llevables las resacas de su señor. *El Moro* era gran devoto del vino y muchas mañanas se levantaba hecho polvo.

Leonardo ideó un cómodo sillón reclinado —recuerda algo en el detallado dibujo a los de los dentistas actuales—, casi un trono, en el que el paciente se instala cómodamente y recibe a la vez varios alivios: una corriente de aire de un fuelle situado frente al careto, un masaje en el cuerpo semidesnudo dado con dos pares de manos mecánicas acolchadas y el efecto de tener los pies metidos en la fresca corriente de un riachuelo mediante un circuito de agua removido por unas sencillas palas de molino.

Para accionar todo el mecanismo del artefacto bastaba la tracción animal de un único ganapán dándole a una manivela.

---

[1] Para más información, leer *Notas de cocina de Leonardo da Vinci* (Temas de Hoy, Madrid, 1996), llegadas hasta nosotros por la sed de investigación histórica de José Carlos Capel, modelo de la mía en este pequeño tratado.

Importancia en la historia

La Inquisición castigaba a los borrachos impíos con una pequeña sesión de tortura y un paseo por las calles con un ridículo sambenito en la cabeza y una especie de pesada canga china al cuello. ¿Imagina el lector lo que tenía que ser una resaca con ese *muerto* encima?

El frescor y los rumores del agua corriente entre flores, árboles y plantas de los jardines del Generalife en la Alhambra hacen sospechar que los árabes de Al Andalus sabían mucho de cómo relajarse después de una juerga de vino y harén.

Pero más allá de cuestiones costumbristas o ambientales, la resaca ha influido directamente en variados hechos históricos.

Por ejemplo —sin orden cronológico:

Se dice que *El Cid* —hay nuevas teorías que afirman que Rodrigo Díaz de Vivar ni siquiera existió—, cuando hizo jurar públicamente y cabreó a su rey Alfonso VI en Santa Gadea, tenía una mañana torva y se pasó de enérgico porque la noche anterior se había puesto tibio a vino con su lugarteniente.

Giacomo Casanova no siempre consiguió satisfacer a sus amantes. La sorella Umbertina Martello, una monja enana de rara lascivia que excitaba sobremanera al célebre seductor y con la que mantenía ocasionales encuentros, refiere que Casanova no estuvo a la altura —o bajura, dada la estatura de la rijosa monja y la naturaleza del asunto— de las circunstancias una madrugada en la que no había dormido lo suficiente una tremenda borrachera de aguardiente de cerezas.

Se sabe que la familia Clanton había bebido mucho más de la cuenta la noche anterior a que los hermanos Earp y *Doc* Holliday los llenaran de plomo en el famoso duelo en OK Corral.

Hitler sobrevivió al atentado en la sala de reuniones de su cuartel general porque el conspirador Klaus von Stauffenberg dejó la cartera llena de explosivos demasiado lejos de la silla del *führer*. La noche anterior, para poder conciliar el sueño y vencer los nervios, Stauffenberg se bebió dos tercios de una botella de coñac Hennesy.

Pancho Villa tenía una de sus habituales resacas cuando cometió el error de fusilar a dieciocho ingenieros de minas yanquis a los que bajó de un tren cerca de Chihuahua. Y también cuando incurrió en la siguiente metedura de pata: mandar matar a diecinueve ciudadanos de Columbus, Nuevo México. Estos dos errores le costaron que el general John Pershing encabezara una expedición de cuatro mil soldados norteamericanos que cruzaron la frontera mejicana para cazarlo.

Cuando en la ciudad de Jartum, sitiada por El Mahdi, no quedó una sola gota de alcohol, el dipsómano Gordon cayó en un estado de estupefacción y dicen que en el asalto final se dejó matar sin defenderse.

Fernando VII derogó la ley sálica —que prohibía reinar a las mujeres— al día siguiente de un pedo de orujo y tras pasar la noche con dos cortesanas gemelas. Esta derogación permitió que designara sucesora al trono a su hija, que después sería la reina Isabel II, y causó que se desencadenara la primera guerra carlista.

Se afirma que Enrique VIII de Inglaterra padecía un doloroso ataque de gota, agudizado por los excesos de la víspera, cuando firmó la sentencia de muerte de su esposa Ana Bolena.

Que su muy posterior sucesor Eduardo VIII se bebió media docena de *dry martinis* —cóctel al que le aficionó Winston Churchill— la noche anterior a anunciar por la radio su decisión de abdicar para poder casarse con la plebeya y dos veces divorciada Wallis Simpson.

Que el rey Vittorio Manuele de Italia tenía una fuerte jaqueca y se encontraba indispuesto del estómago cuando llamó a Benito Mussolini para que formara gobierno.

Que la noche anterior a que su triplano pintado de rojo fuera derribado en el norte de Francia, Manfred von Richtofen, el *Baron Rojo*, bebió con sus compañeros mucho más champán de la cuenta para celebrar sus ochenta victorias.

Que Rommel estaba de baja cuando Montgomery derrotó al Africa Korps en El Alamein.

Que el egiptólogo Howard Carter sufrió un ligero desvanecimiento al leer la maldición escrita en la tumba de Tutankamon. Quizá más que la amenaza de muerte desde la ultratumba tuvo que ver con la lipotimia el que la noche anterior había compartido con *lord* Carnarvon una botella de ginebra azul.

Que Miguel Ángel tiró del andamio al papa Julio II porque había pasado la noche en una taberna, estaba torpe y no le salía a su gusto el dedo de Yahvé en el famoso fresco de la capilla Sixtina.

O que el alcohólico profundo y general en jefe del ejército de Carolina del Norte durante la guerra de secesión norteamericana, William Tecumshe Sherman, escribió este elogio del genocidio una mañana en que se había quedado sin whisky y justo antes de emprender la sangrienta y devastadora invasión del Sur que culminó con el incendio de Atlanta.

> «No sólo estamos peleando contra ejércitos hostiles, sino también contra una población hostil. Debemos hacer sentir a los viejos y a los jóvenes, a los ricos y a los pobres, la dura mano de la guerra, lo mismo que a sus ejércitos organizados.»

Y recuerdo que respecto a uno de los de la junta militar fascista argentina, el general Galtieri, cuando la guerra de las Malvinas aparecieron pintadas que decían: «Galtieri, borracho, mataste a los muchachos.»

No sé si las grandes decisiones que llevaron a un montón de críos a la muerte, por unas islas de mierda en el culo del mundo, las tomaba el patético figurón trompa o con resaca. Desconozco el mismo extremo respecto a la otra gran estadista que mandó matarlos y de la que daba miedo hasta el peinado o yelmo: Margaret Thatcher.

Pero en estos ejemplos citados había testigos, testimonios de gente que vio beber la víspera de la comisión de estos hechos o la toma de estas decisiones a los protagonistas de los mismos y por tanto consta la certeza, o al menos una muy razonable probabilidad, de que estuvieran padeciendo resacas al afrontarlos.

Sin embargo, ¿cuántos hechos históricos habrán estado influidos directamente por las resacas de los próceres que los provocaron y nunca lo sabremos?

Aquí, de nuevo, adquiere esencial relevancia el carácter íntimo y secreto —salvo casos muy flagrantes— de la resaca.

¿Quién puede asegurar que Napoleón, a solas, antes de dormir, no se bebió una botella de coñac la víspera del comienzo de la batalla de Waterloo?

Que Custer no estuviera aturdido por una resaca y por esa razón se dejó rodear en Little Big Horn.

Que Poncio Pilatos tuviera un día en los que es

aconsejable no tomar decisiones y por eso se lavó las manos.

O qué tal estaba de lucidez el capitán del *Titanic* cuando decidió no aminorar ni un nudo la velocidad del barco a pesar de haber recibido el mensaje de peligro de icebergs.

O qué tal lo llevaba Kruschev cuando se quitó el zapato y pegaba con él sobre la mesa del consejo de seguridad de la ONU para recuperar la palabra...

En el siguiente apartado de **Clases y subclases** incluiré algunas conexiones más —contrastadas— entre historia y resaca.

Clases y subclases

Como ya he dicho, hay una serie de elementos, sobre todo físicos, también síquicos, que más o menos se dan en la mayoría de las resacas, o por lo menos se dan un número apreciable de ellos: el despertarte con el convencimiento de que, como dice el jefe galo Abraracurcix, «el cielo se ha desplomado sobre nuestras cabezas»; de que en vez de sangre circula gasóleo caliente por las venas del cerebro; cefalea; boca seca; agarrotamiento de cervicales; sudores fríos; sofocones; taquicardias; fotofobia; mareos; náuseas; vómitos; acidez; depresión; mal humor; estupor; sensiblería; idiocia...

Digamos que estos rasgos o características son el apellido de casi todas las resacas, la marca de fábrica común; pero es el perfil sicológico que prepondera, el especial comportamiento que tenemos cada uno con resaca o el exacerbamiento de alguno de los elementos citados lo que le da el nombre propio, individual, lo que establece la clase y diferenciación de unas resacas con otras.

En una palabra, lo que las hace genuinas.

Posiblemente haya tantas clases y tipos como número de bebedores hubo, hay y habrá en el mundo. Sin duda, cada individuo aporta a su particular resaca la sal o la hiel de su carácter, sus fantasmas e infiernos, sentido de la neurosis, abyección e idiosincrasia.

Aun así, creo que se puede llegar a una cierta abstracción y reconducir ese piélago o universo de resacas, casi tan vasto como la biblioteca de Babel de Borges, a unos modelos o clases con características diferenciales y específicas.

El padecer una u otra se debe a múltiples factores: carácter, metabolismo, edad, sexo, peso, estatura, pigmentación de la piel, forma física, estado de salud, dieta alimenticia, grado de atractivo, profesión, clase económica, ideología política, preparación cultural, cociente intelectual, tipo y calidad del alcohol ingerido, si se es fumador o no, haber bebido en ayunas o con el estómago lleno, meteorología, estación del año, fase de la luna, hechos que han rodeado la borrachera, personas con la que se ha compartido, si se ha dormido solo o no, si hubo relaciones sexuales, si fue con el cónyuge o se tocó pelo nuevo o de amante, si se está fuera de casa, en la costa o el interior, en otro país, del mismo u otro continente, de vacaciones o en viaje de trabajo... Y un largo etcétera.

Una misma persona puede sufrir resacas consecutivas de muchas clases por la suma o variación de algunos de estos factores; sin embargo, otros sujetos pueden ser monotemáticos y tener el mismo tipo de resaca hagan lo que hagan y beban lo que beban.

La resaca no es una ciencia exacta.

La resaca posee cierta cualidad azarosa, muy en sintonía con su esencia caótica.

Colocadas sin ningún tipo de orden, en armonía con el resto del libro, he conseguido clasificar unas cuantas. Muchas de ellas no se presentan aisladas, sino en parejas complementarias e incluso tríos incestuosos. Otras, sin embargo, reinan solas y no tienen nada que ver con sus fétidas compañeras.

Son las que siguen.

Demoledora

Clásica, telúrica, terminal.

Merece encabezar la lista por su colosalismo.

Una fuerza de la naturaleza.

El Krakatoa de las resacas.

El maremoto de los clavos.

El tipo de resaca de la que uno está seguro que no va a sobrevivir.

No se caracteriza por perfil sicológico alguno; el aquejado se encuentra tan mal físicamente que carece de ellos.

Ataca por lo general después de cumplidos los cuarenta.

Es más frecuente entre mujeres que entre hombres por la peor metabolización del alcohol de aquéllas.

No te levantas de la cama más que para vomitar o por los pertinaces apretones de la cagalera tendente a la disentería (ver resaca **escatológica**).

No tienes energía ni para llorar por la pena que te das.

Ni soñar con hacerte una paja; ningún despilfarro de las escasísimas fuerzas.

Si te pillara un cataclismo no intentarías salvarte, para qué; ya tienes el tuyo propio y te puede.

A agua todo el día, tal vez suero por vía intravenosa; nada más.

Es la que más dramáticas y tópicas promesas —siempre hueras— ocasiona: «Si salgo de ésta no volveré a beber, lo juro.»

Suele producirla la ingesta desaforada de repugnantes bebidas dulces como pacharán, Cointreau, Licor 43, Chartreuse, Benedictine, anís, chinchón o aquel filtro aterrador, el Karpy, licor de naranja; tiene por tanto un componente de justicia poética, de justo castigo por haberte entrompado con esas mierdas.

También se da por factor acumulante o duplicación, al haber transformado el día anterior, que ya era de resaca recia, en jornada de denso pedo.

Otrosí, si careces totalmente de olfato y te han envenenado con varios coloniazos de una calidad tan ínfima que las copas tenían que oler a pescado podrido y el responsable ser condenado a galeras.

La mejor descripción metafórica que conozco de una resaca demoledora está en la famosa novela de Tom Wolfe *La hoguera de las vanidades*:

> «El teléfono despertó con su estallido a Peter Fallow, que estaba metido dentro de un huevo que había perdido su cáscara y sólo se mantenía entero gracias a su tenue bolsa membranosa. ¡Ah! La bolsa membranosa era su cabeza, y el lado derecho de su cabeza estaba apoyado en la almohada, y la yema pesaba como el mercurio, y se deslizaba como el mercurio, y presionaba sobre su sien derecha y su ojo derecho y su oreja derecha. Si intentaba levantarse para descolgar el teléfono, esa yema, el mercurio, la masa venenosa, se desplazaría, rodaría, acabaría rompiendo la membrana, y su cerebro se derramaría fuera de su cabeza.»

Suele durar dos días.

Ira teneatis

«Ira furor brevis est», afirmaba Horacio. Sin embargo, la ira desencadenada en un resacoso de este tipo puede ser larga, pero sobre todo, independientemente de la duración, extraordinaria en cuanto a su intensidad y poder de devastación.

Si bien es verdad que en el resacoso **enajenado-sicótico** es moneda corriente la reacción airada, también se da en sujetos menos trastornados. Considerarla una subclase de la sicópata sería por tanto una reducción simplificadora.

La airada es una resaca engañosa, larvada. El sujeto paciente puede presentar un estado apacible y tranquilo de sobrellevar el clavo con mansedumbre, incluso parecer que está de cierto buen humor —sólo cierto; con la excepción de la **jocosa**, todo el mundo que tiene resaca está casi todo el tiempo que le dura de mala leche— y hasta creérselo él mismo. Pero ante una inesperada afrenta, molestia, escarnio o tocada de cojones de cualquier tipo y grueso o no tan grueso calibre, destaparse la caja de los truenos.

El resacoso agredido reaccionará entonces como un demente irrefrenable, con una ira desmedida y una violencia telúrica. Si uno está en su radio de acción y al airado no se le revienta una vena del cerebro por el vertiginoso aumento de la presión sanguínea, es mejor huir a la carrera o recibirle con una llave inglesa en la mano.

Una buena metáfora para comparar la descarga de adrenalina y el furor imparable de una resaca airada se encuentra en la película de aventuras de Henry Hathaway *La jungla en armas*, de 1939, con Gary Cooper, que trata de la guerra colonial de Estados Unidos, a principios del siglo XX, para sofocar en Filipinas la sublevación independentista de las tribus rebeldes musulmanas, los llamados moros.

En una secuencia de la película, un juramentado se lanza cimitarra en mano a por el coronel del regimiento. El juramentado está tan drogado y fanatizado —mentalizado, diría hoy en día un entrenador deportivo— que aunque recibe plomo como para lastrar a un buzo, continúa su avance y no cae muerto hasta trinchar previamente al coronel norteamericano.

Tal es también la fuerza, obstinación y afán destructivo del portador de una resaca airada.

Encontré una espléndida descripción de este comportamiento exacerbado y tempestuoso en *Vida al oeste del Pecos*, un documentado libro escrito en 1896 por John Paul Homewood, un antiguo armero que conoció a los más famosos pistoleros y desesperados del estado de Texas y los territorios de Arizona y Nuevo México durante el último tercio del siglo XIX.

El que padece el violento clavo es Roy Bean, el llamado juez de la horca, un linchador dipsómano autoproclamado «la ley y el orden al oeste del Pecos», que impartía *justicia* en el Jersey Lilly, su cochambroso *saloon* de Vinegaroon, en el salvaje condado de Langtry, Texas.

Dice así:

> «Tras un juicio sin defensor que duró lo que se tarda en engrasar una Derringer de damisela, el juez condenó al mestizo Jacinto a morir colgado del cuello por el delito de sodomizar a una mula, censada en el condado de Langtry, sin

haber pedido permiso previo a Ebenezer Monk, su dueño.

La sentencia se ejecutó inmediatamente y dentro del propio juzgado, el gran *saloon* Jersey Lilly, propiedad de su señoría.

Roy Bean en persona pasó a través de una viga del techo la soga y luego izó a Jacinto con la ayuda de *Dirty* Sam y este humilde servidor.

El mestizo bailó en el aire un buen rato antes de estirar la pata.

Después, el juez, las rameras y el resto del tribunal celebramos con bourbon Rattlesnake y cerveza Turtle, hasta el amanecer, la grandeza de la justicia.

Su señoría se quedó con la bolsa del finado como pago por la bebida. Y es que el reo había sido condenado también a la pena subsidiaria de invitar a beber, después de ahorcado, a toda la alegre clientela del Jersey Lilly.

En el transcurso de la celebración la mula de Ebenezer Monk fue sodomizada de nuevo, pero esta vez con la bendición del dueño, ya que el autor del desahogo fue el propio Roy Bean, que, ya borracho, aseguró que la mirada de la mula le recordaba a la de la actriz Lillie Langtry, su adorada. [...]

Al día siguiente, su señoría el juez Roy Bean recobró el conocimiento, después del mediodía, en la cama de *Silly* Sally, la furcia con la que dormía esa semana. Con cara de muy pocos amigos y los ojillos hundidos, con claros síntomas de padecer una espantosa resaca, bajó en calzones al *saloon* y aplicó el morro al grifo de la cerveza. Lo sé porque yo dormía sobre la barra y el estruendo que metió su señoría al llevarse por delante la escupidera de cobre, chocar con los pies del todavía colgado Jacinto y sus posteriores blasfemias me despertaron.

Salió afuera para refrescarse en el abrevadero de los caballos. Se lavó con dos dedos, como un gato.

Andaba por allí suelta la mula de Ebenezer, que fue derecha hacia el juez y le presentó el trasero, pero no para que le diera más amor, sino para arrearle una coz a dos patas. Roy Bean cayó de bruces en el abrevadero y como era un enano y no sabía nadar, estuvo a punto de ahogarse.

El jocoso suceso sacó a todos los borrachos de la víspera del estado de letargo y fue celebrado con grandes risotadas.

El juez consiguió salir por fin del abrevadero y nos miró a todos uno por uno, sin dar crédito a que nos siguiéramos partiendo de risa a su costa y delante de él. Bramó con los puños alzados al cielo, soltó espumarajos por la boca como un perro rabioso y desapareció a la carrera y chorreando agua dentro del Jersey Lilly.

Todos nos secábamos todavía las lágrimas producidas por las carcajadas cuando reapareció su señoría. No se había molestado ni en quitarse los calzones mojados, pero sí en ponerse encima unos pantalones para poder repartir por la cintura tres revólveres: un Colt 41 modelo Relámpago, un arma poco fiable, la misma que usó en vida John Wesley Hardin; un Smith & Wesson calibre 44 de doble acción, un revólver excelente al que sólo le pondría la pega de su alto precio, y un seguro Colt 45 Army. En las manos llevaba su querida escopeta Winchester, que estaba terminando de cargar con cinco cartuchos del doce.

El bueno de Roy bramó de nuevo y descargó todas sus armas sobre nosotros, hasta que no le quedó un solo cartucho por disparar. Afortunadamente, la resaca y la ira le restaron puntería.

Murieron *Dirty* Sam, dos rameras, un *cowboy* de Fort Worth, el primo de Pat Garrett, la mula, un negro y Ebenezer Monk. Casi todos los demás resultamos heridos de distinta consideración.

Un servidor salió bastante bien parado. Me voló con el maldito 41 el dedo gordo del pie derecho y desde entonces me ha quedado una cojera que resulta hasta graciosa.»

Como es bien sabido, Adolf Hitler era prácticamente abstemio (ver **Prólogo**). Excepcionalmente, bebía algo de champán y vino blanco del Rhin. Parece ser que con un par de copas tenía suficiente. No es que se cociera con tan ridícula cantidad, sino que con la tercera al día siguiente tenía resaca: patético.

Martin Bormann cuenta en una carta de su correspondencia privada con Goebbels que el 12 de junio de 1941 Eva Braun le hizo trasegar al *führer* tres copas de Dom Pérignon.

Al día siguiente, el ciclotímico sicópata ponía en marcha la operación Barbarroja y rompía el pacto de no agresión con la Unión Soviética, es decir, ordenaba la invasión de Rusia.

Enajenada

Los que la padecen tienen ya en estado de sobriedad alguna tuerca floja.

«A quien los dioses quieren destruir primero le vuelven loco», decía Eurípides en esta máxima que servía de cita en *Corredor sin retorno*, aquella dura y excelente película de manicomio de Samuel Fuller.

La resaca enajenada es peligrosa, tanto para propios como eventualmente para terceros cuando se llega al ataque de sicosis y el puente colgante de la esquizofrenia cruza el foso.

Suelen sufrirla pacientes que ya en el estado de embriaguez se enajenan de uno u otro modo y en mayor o menor grado, y que durante la resaca persisten en el vuelo sin motor o incluso se les agrava.

Se pueden establecer dos subclases por la intensidad y naturaleza del estado de enajenación mental.

Neurótica

Toda resaca tiene un componente de estado de neurosis acorde con su naturaleza entrópica, paranoide y obsesiva.

La resaca puede hacernos aflorar fantasmas, fobias y miedos que en estado *normal* reposan larvados en el limo del fondo del pantano.

Pero el resacoso enajenado neurótico llega a un estado de paranoia que excede los cauces de inestabilidad mental y emocional controlables.

Por ejemplo, la señora Fucsia, a la que conozco desde la época de estudiante, cuando tiene resaca le entra la obsesión, aunque nunca ha sufrido el menor intento, de que le van a entrar ladrones a robar en casa.

Recuerdo que cuando estábamos en la universidad contó como quien habla del tiempo que el canario que tenían sus padres no le dejaba estudiar con sus trinos. Que lo sacó de la jaula, lo envolvió en papel de aluminio y lo metió en el congelador del frigorífico —por lo menos no había microondas—. Es evidente que el cencerro ya le tañía en el cerebro por aquel entonces y sin necesidad de estar resacosa.

Un día de clavo Fucsia no sale de casa —está divorciada y vive sola—, mantiene activado todo el tiempo el sofisticado sistema de alarma que le costó un ojo de la cara y que está conectado con la comisaría más próxima, se encierra tras las cuatro cerraduras de seguridad de la puerta y lleva encima hasta para ir a mear una ridícula pistolita calibre 22 que no sé de dónde la sacó y con la cual el día menos pensado se meterá una balita en su enajenada sesera.

Pasa la noche en vela, vigilante y a golpe de café, con lo cual la resaca, privada del necesario y reparador sueño, le dura más que a cualquiera.

Más espectacular todavía es el caso de *El Incunable*, otro solitario que trabajaba como traductor de novelas en inglés y lector de manuscritos en una conocida editorial.

El Incunable con resaca no puede dejar de leer ni un momento, hasta que se le pasa del todo. Lee mientras come, mientras camina si tiene que salir a la calle o en cualquier otra circunstancia. En cuanto deja de leer sufre un ataque de angustia y está convencido de que si pasara un rato sin devorar líneas le daría algún tipo de síncope. Como todo neurótico, es un hipocondríaco total. Además, no es que se trague *Los miserables* o *Los hermanos Karamazov* de una —eterna— sentada; es incapaz de fijar la atención más de diez o quince minutos en el mismo libro y dice que precisa para que el *remedio* funcione enterarse de lo que lee. Así que llena la casa de libros abiertos o con marcas y salta de *La náu-*

sea a *Alicia en el país de las maravillas*, pasando por *Las vidas paralelas* de Plutarco, sin pestañear.

Cuando llega la noche rodea el lecho con una docena de libros y salta de uno a otro hasta que le vence el sueño. Pero duerme sólo un rato, se despierta sobresaltado, se toma el pulso, se pellizca para despejarse y coge otro libro.

Me han dicho que últimamente, anegado por el mar de novelas, se ha declarado «enemigo de la ficción» y sólo lee biografías, libros de historia o ensayos y ha dejado el trabajo en la editorial por un empleo de sereno en la morgue del hospital.

Sicótica

Propia de candidatos a la esquizofrenia.

No es que el resacoso viva un estado prolongado de hipocondría, paranoia o manía persecutoria: sufre un auténtico ataque de sicosis, un cuadro agudo de enajenación.

El dueño de un *pub* de Madrid que tiene bien ganada la fama de ser uno de los lugares de Europa donde mejor se sirve la caña de Guinness me contó lo que sucedió en uno de los concursos que organizaba periódicamente para ver quién se bebía más pintas de la rica y densa cerveza negra.

Un joven inglés del que sólo se supo que se llamaba Michael y que pasaba unos días en Madrid alojado en un hostal próximo al *pub* se presentó al concurso. Quedaron finalistas él y un tipo pequeñito de Vallecas con una panza como la de Buda. No sé cuántas pintas me dijo el dueño que se trasegaron, una enormidad, una cantidad de no creer. Pero llegó una pinta con la que ya no pudo Michael, a pesar de haberse soltado el cinturón y los botones del vaquero. Muy digno, dejó el vaso mediado y dijo en un castellano macarrónico que no podía más, que no estaba borracho, pero que no le entraba físicamente ni otro sorbo. Con la misma dignidad, se dispuso a salir muy tieso del *pub*.

Mas la trompa extrema de Guinness, porque obviamente el amigo Michael estaba muy pedo aunque él no se diese cuenta, produce un curioso efecto de privación del cálculo de distancias y del sentido de la orientación. El inglés avanzó muy decidido hacia la puerta abierta, pero en vez de salir por ella escoró a la izquierda —sería laborista—, se estampó contra la pared y cayó al suelo sin conocimiento. Lo transportaron entre varios al almacén, que hace las veces de sala de reanimación, y lo depositaron en el desvencijado sofá ubicado allí para tales menesteres.

El pequeñín de Vallecas se terminó su pinta y la del inglés y fue declarado vencedor.

Michael durmió en el sofá veinticuatro horas. Tras la *siesta* se despertó muy pálido, silente y con cara de loco. Al pasar por delante de la barra miró un momento con odio a un tipo fornido y atezado, con pinta de macarra, que estaba allí de pie soplando con su novia. Sin mediar palabra ni provocación alguna, el inglés aferró una botella de vino llena que había en una cubitera y le atizó con ella al macarra justo entre los cuernos. La botella afortunadamente no se rompió, pero el golpe fue de los de dar fiebre. Mientras el macarra le metía a Michael en la cara una docena de hostias muy bien dadas —el inglés no hizo nada por cubrirse ni defenderse—, se veía crecerle un tremendo huevo en la frente.

Por fin consiguieron aplacar al justamente airado macarra, que declaró no haber visto al tío majara en su vida.

Echaron al inglés del bar. Michael se fue tambaleante y con la cara llena de hostias, pero esta vez atinó a pasar por la puerta.

Al macarra y a su novia les invitó el dueño a lo que quisieran mientras le ponía al agredido una bolsa de hielo sobre el entrecejo para bajar la inflamación. Cuando comentaban el inexplicable incidente apareció de nuevo Michael por el bar. Había ido a su habitación del hostal y volvía con un regalo que ocultaba con la diestra a la espalda. Se fue directo y con paso tranquilo hacia el macarra, que anunció que esta vez lo iba a mandar al hospital, pero el que acabó en urgencias fue él.

Michael blandió de repente un cuchillo como el de Rambo y le tiró una estocada que se quedó en un pinchazo en el estómago. A Michael lo desarmaron de un sillazo, con el libro de reclamaciones que es una garrota colgada de la pared y con una nueva mano de hostias en la que participaron el dueño, todos los parroquianos y hasta la novia del macarra.

Antes de que la policía se llevara a Michael, que estaba como si saliera de un estado de hipnosis y muy maltrecho, le confesó al dueño que al ver al macarra, al que efectivamente no conocía de nada, una voz interior, nítida y perentoria, le había ordenado que lo matara, y no había dejado de repetírselo hasta que volvió con el machete y lo intentó de verdad.

El que lo intentó muy de verdad y lo consiguió con creces fue Jeffrey Dahmer, conocido como *El carnicero de Milwaukee*, un alcohólico con unas auténticas malas resacas sicóticas.

Comenzó con dieciséis años a masturbarse mirando entrañas de animales (¿ver resaca **rijosa-onanista**?) y en los años ochenta asesinó a diecisiete hombres con los que además practicó la necrofilia y la antropofagia.

Y yo padecí una resaca sicótica en el expreso Barcelona-Bilbao la noche del 31 de enero de 1984.

Vivía por aquel entonces en Barcelona, tenía veinticuatro años y llevaba una temporada de desmadre absoluto. Comía poco, dormía menos, mantenía bastantes relaciones sexuales —dentro de mis modestas posibilidades—, consumía toda la cocaína que podía, fumaba mucho hachís y bebía riadas de *gin tonic*. Completé el cuadro tomando Katovit, un complejo de vitamina B con un componente de anfetamina que me dio la puntilla.

Consideré que tenía que parar un poco aquella escalada de desenfreno y decidí ir a Bilbao a pasar unos días en casa. Le invité a venir conmigo a Toni Mena, mi amigo y dibujante, que aceptó en mala hora para él.

Entre otras cosas, en 1984 era guionista de cómics en la revista *El Víbora* y Toni dibujaba mis guiones.

Así que montamos en el expreso que tarda toda la noche en hacer el recorrido de Barcelona a Bilbao. Era día de labor y el vagón de literas del tren, en el que viajábamos, iba casi vacío.

Tras fumar los últimos canutos nos tumbamos en nuestras sendas literas, las superiores, para intentar dormir. Llevaba cuarenta y ocho horas sin poder hacerlo y estaba ya bastante acojonado.

Pero tampoco conseguí pegar ojo.

Avanzaba la noche y mi estado de excitación no cesaba. Supongo que tras unas cuantas horas sin beber alcohol comencé a padecer la resaca, pero mi organismo estaba todavía tan dopado que no lo notaba.

Empecé a sentir angustia. Tuve la mala idea de intentar entretenerme con los haces de luz blanca que penetraban fugazmente por el resquicio de ventanilla que no tapaba la persiana casi bajada, los cuales trazaban efímeros dibujos en el techo del compartimiento en penumbra.

Y entonces comenzó a suceder.

No imaginé, sino que vi, fantasmas en el techo.

No recuerdo bien cómo eran; unas figuras estilizadas que me sonreían con unas bocas como de dibujos animados crueles.

Siempre he sido un peliculero y las alucinaciones que sufrí aquella noche se correspondieron con mi imaginario cinéfilo; también con el lastre de la educación religiosa.

En la medida de lo posible intenté conservar la calma y decirme que yo mismo me forzaba a ver aquello, que yo mismo me producía aquellas pseudo alucinaciones. Pero no debí de ser autoconvincente, porque el desfile de grotescos fantasmas persistió.

Cerré los ojos para privar a las alucinaciones del canal de acceso por la vista y entonces el horror subió de grado y cambió de sentido por el que asaltarme.

Noté por toda la cara el contacto de algo así como unas manitas frías, húmedas y diminutas, como de niños pequeños que acabaran de lavárselas.

El pánico me ganó.

Abrí los ojos, me incorporé, encendí las luces y desperté a gritos al pobre Toni, que dormía plácidamente.

Le conté a trompicones lo que me sucedía y que necesitaba que pararan el tren; quería salir de allí. Intentó calmarme y como no lo conseguía se vistió para salir a buscar al interventor y pedir ayuda.

Y allí me quedé, solo. En camiseta y calzoncillos, sentado en la alta litera, envuelto en una manta áspera, bañado por la fantasmal luz fluorescente, bamboleado por el rítmico traqueteo del tren y aturdido por el ruido constante y monótono de la marcha.

Cerré los ojos de nuevo y los aterradores contactos en el rostro se repitieron. Los abrí y cesaron, pero una voz profunda comenzó a hablarme en el interior de la cabeza con un demencial mensaje mesiánico, algo así como que era el elegido para organizar a la humanidad en una nueva sociedad basada en la mutua confianza. Y yo respondía mentalmente, como un mesías de pacotilla y de natural vago, que eso era una pesada carga y que no quería apurar ese cáliz.

La voz afortunadamente desapareció al cabo de un rato, pero sólo para dar el relevo a una nueva angustia.

Pasaba el tiempo y Toni no volvía. Me sentía incapaz de moverme de la litera, de salir del compartimiento.

De repente comprendí. No es que lo pensara, sino que tuve la aterradora certeza.

Lo que sucedía era que me había vuelto loco, loco de remate.

Estaba seguro de que en ese momento había en el compartimiento personas que me hablaban y me tocaban y no lo percibía porque la demencia me había aislado sensorialmente.

No, no era eso.

Era algo peor.

Me puse a gemir y a llorar.

No me había vuelto loco, sino que había muerto. Y la muerte era así: quedarte solo para siempre en el lugar en el que has estirado la pata.

Grité desesperado por el terror.

Toni apareció por fin y por lo menos ese espanto se disipó.

Me dijo que no encontraba al interventor y que no había nadie más en todo el vagón. Iba a ir a buscarlo por el resto del tren. Y cuando le rogaba que no me dejara solo, mi amigo, mi único vínculo con la realidad y la cordura, que me sostenía la cara con las manos y tenía su rostro cerca del mío, con los ojos enrojecidos por haberle arrancado del sueño, me traicionó.

Vi cómo sus ojos se transformaban en los amarillentos y fijos de un reptil, en los de una gran serpiente.

Cerré los ojos, sollocé y se lo conté.

Salió corriendo a conseguir ayuda como fuera.

No recuerdo si tuve más alucinaciones visuales, táctiles o mentales durante su nueva ausencia.

Toni volvió con el interventor, al que intenté agredir. Después amenacé con demandar a Renfe y hacerme rico a costa de la indemnización que les iba a sacar.

El tren llegó a Tudela, Navarra, donde tenía parada. Consiguieron que me vistiera y bajamos del convoy. En la estación desierta y helada había un teléfono público y Toni podía llamar a lo que hubiera de instalación hospitalaria en Tudela.

Allí nos dejaron solos y el tren partió.

Creo recordar que mientras Toni pedía una ambulancia me escapé a una cercana gasolinera y quise pegarme con los empleados. Y que fueron buena gente y no correspondieron a la fama de «brutos, más brutos y de Tudela» y no me hincharon a hostias.

Y sí recuerdo con nitidez que antes de subir a la ambulancia miré a los rotos del asfalto y éstos se transformaron en pequeñas culebras que serpenteaban enloquecidas.

En la cama hospitalaria me llenaron por vía intravenosa de tranquilizantes y suero. No consiguieron hacerme dormir, no lo hice hasta la noche siguiente, pero el ataque cesó.

Después de aquella noche que no olvidaré mientras viva, pasé un periodo aún más desequilibrado e intratable que de costumbre, pero no volví a sufrir un ataque de sicosis.

Y nunca se ha repetido.

Pero la fuerte impresión que me dejó poner un pie tras la auténtica línea de sombra, donde está el país de la locura y mora el horror, jamás me ha abandonado.

Troglodita

Elemental y de algún modo relajante.

Una especie de autorrebajación mediante un voluntario descenso a lo animal, a los albores de la humanidad.

El resacoso troglodita pasa el día de *efectos secundarios* en casa en plan hombre de las cavernas. No se lava, ni se afeita, ni se peina, ni se cepilla los dientes; se queda en bata o en pijama o en calzoncillos —y si están sucios, mejor—; gruñe si tiene que comunicarse con alguien y huye de la civilización y de todos sus logros.

El troglodita suele ser a la vez resacoso **rijoso-onanista** y practica también la técnica de relajación del descerebramiento o encefalograma plano (ver resaca **acéfala**).

Un caso puro de resacoso troglodita es mi amigo el señor Negro, pintor de macrocuadros minimalistas.

Ahora que me doy cuenta, todos mis amigos artistas plásticos le pegan al frasco con brío. Debe de ser por la sed que dan las pinturas, la trementina y todas esas cosas. Aunque también es verdad que la mayoría de los escritores que conozco, incluido un servidor, participamos de la misma devoción. Y el papel y bolígrafo, la máquina de escribir o el ordenador no acarrean sed.

El héroe máximo del señor Negro es Michel Piccoli en *Themroc*, aquella película de 1972 dirigida por Claude Faraldo en la que Piccoli —que por cierto también era pintor— decide vivir como un hombre de Neanderthal y acaba por comerse a un madero.

De hecho, la crítica considera que la pintura de Negro está claramente influenciada por el arte rupestre.

Un día de resaca, la única concesión que Negro concede a la técnica es hacerse a sí mismo un retrato con una cámara polaroid. Tiene en su estudio un gran panel de corcho en el que ha clavado un par de centenares de estas fotografías ordenadas por jerarquía de demolición. Dice que es otra forma de autobiografía. Yo he visto la colección y la verdad es que los caretos de homínido de Negro con resaca, recién levantado de la piltra, hubieran metido miedo a Tod Browning, el director de *Freaks*.

Después, y tras desconectar los teléfonos y la luz, el señor Negro dedica la jornada a mirar el fuego de la chimenea (ver resaca **contemplativa**), dibujar animalitos al carboncillo en las paredes, cantar bilbainadas *a capella*, cazar moscas y rascarse.

Ese día sólo bebe agua y se alimenta de fruta, zanahorias crudas y tomate sin sal.

Poltergeist

La verdad es que la incluyo únicamente por no hacer un feo a mi amiga la señora Lila, pero no me parece un tipo de resaca genuino. La única persona que dice padecerla es la propia Lila. En cuanto la explique, creo que el lector convendrá conmigo en que no es otra cosa que una forma más de resaca **enajenada-neurótica** que frisa con la **sicótica.**

La señora Lila se suele cocer a base de vermut blanco dulce y se agarra unas castañas destacables. Al día siguiente tiene unas resacas de estar hecha polvo (ver resaca **demoledora**), pero también dice que le pasa algo más, algo muy extraño.

La señora Lila asegura que las resacas le despiertan sus poderes paranormales. Que en su casa se suceden multitud de fenómenos extraños y que ella practica la telequinesis —mover objetos sólo con el poder de la mente—. Pero respecto a esto último dice que sólo puede hacerlo a solas, y claro, creerla exige tener la fe del carbonero.

Respecto a los *poltergeists* o fenómenos sin explicación científica, afirma que ha oído voces y que siente presencias de ultratumba —todo eso me suena—. Como es miembro de un club de fenómenos paranormales, esoterismo y amigos de los ovnis —antes iba a un taller de caricias y suspiros—, sus cofrades han hecho pruebas en la casa. Durante varias noches, con Lila todavía resacosa, han dejado grabadoras en funcionamiento para ver si pillaban alguna sicofonía y están muy contentos. Me puso una grabación para que la escuchara y no oí más que unos ruidos como de cañerías o de alguien con borborigmos. Ellos están convencidos de que se aprecian claramente las voces de cuatro espíritus que juegan al tute.

También han dejado cámaras de vídeo por si aparecen fantasmas, pero hasta ahora lo único que han recogido son las imágenes del gato del vecino que se cuela por la noche para tirarse a su siamés.

Rijosa

Casi exclusiva del género masculino.

La resaca puede ser un fuerte afrodiasiaco.

He consultado al respecto a muchos hombres y

la mayoría me han confirmado que con resaca se despiertan y se pasan el día muy pero que muy salidos.

Sin embargo, es rara la mujer a la que le sucede esto mismo; a casi todas les pasa lo contrario.

Se deduce que el proceso orgánico de la resaca nos produce a los hombres la liberación o exacerbación de algún elemento químico que incrementa notablemente la libido.

La verdad es que te despiertas con unas ganas de *guerra* difíciles de refrenar.

Si sales a la calle te miras con buenos ojos a especímenes que sin resaca te harían huir. Y las que ya te gustaban antes ahora te enloquecen y te cortarías todo menos eso por beneficiártelas.

Eres casi un peligro púbico, perdón, público.

Es aconsejable cuando se va así por el mundo intentar a toda costa pensar con la cabeza en vez de con la polla. De no ser así, puedes quedar como un patán e incluso buscarte problemas: no confundas la costumbre de besarse en las mejillas cuando te presentan a una dama con una vía libre para ponerte como un pulpo con ella; no te comas con la vista a la novia de ese tío que recuerda al increíble Hulk y no propongas en una fiesta de trabajo echar un polvo en el cuarto de baño a esa tía buena de quien nadie se ha molestado en decirte que es la amante del jefe.

Estableceré tres subclases de resaca rijosa: dos diferenciadas por el modo de apagar el volcán y una tercera por su peculiaridad sicológica.

Onanista

«Onán, Onán, no derrames fuera», parece ser que le decía Yahvé a este insolidario personaje bíblico en el Génesis. Aunque no se refería a que pasara de cascársela, sino a que no se apeara en marcha para evitar darle descendencia a su hermano, ya que le tocaba trajinar con su cuñada por mandato divino. Sabida es la persistente manía de la Iglesia católica de velar por el crecimiento demográfico desde los tiempos del fundador de la empresa hasta los del nefasto gerente Karol Wojtila.

Sin embargo, el término onanismo ha pasado al acervo cultural como sinónimo de masturbación.

En fin, pues eso. El poseído por la resaca caliente que no dispone de la posibilidad de un intercambio carnal con otro ser humano durante el día de hipersexualidad tiene que conformarse con ejercer el amor propio, vulgo, lavar a mano.

Aunque hay misántropos que es lo que prefieren: hacerse el par de gallordas aunque dispongan de otras alternativas más corales. Dicen que con resaca llegan a conseguir obras maestras, los Rolls Royce de las pajas. Y que trabajarse un polvo requiere aguantar a una señora o un señor y otro esfuerzo y atención, todo lo cual es contrario a la poca paciencia, la vagancia y la apatía que te acarrea siempre el *fuego amigo*.

Hombre, está la alternativa del sexo oral, que no requiere gran participación y evita el diálogo. Dicen que una buena mamada con resaca es el nirvana. Y las mismas fuentes aseguran que si además es fuera de casa, pasa lo mismo que al comerte un rodaballo: sabe mejor.

Aunque siempre la música del azar puede desafinar y estropear incluso un buen solo de flauta.

Mi amigo y colega el señor Albo me contó una asombrosa historia de la época en que fue conductor de ambulancia en Madrid.

Acudieron a atender la llamada de un señor del barrio de Aluche que decía que había una persona herida en su casa. El señor, un hombre mayor, les abrió la puerta en bata de cuadros, zapatillas de felpa y una toalla llena de sangre arrollada a la polla.

El hombre, muy azorado, les dijo que no era él quien necesitaba ayuda, que lo suyo era en medio de todo poca cosa.

Les pidió que le siguieran a la cocina.

Allí, tendida en el suelo, había una chica desvanecida. Estaba desnuda y se le apreciaba una brecha en la cabeza. A su lado reposaba una vieja sartén de hierro.

El jubilado explicó que la chica era una prostituta y que le estaba haciendo una felación allí mismo, en la cocina. Que de repente le dio una especie de ataque, le mordió el rabo y él tuvo que atizarle con la sartén de hierro para que soltara la presa.

La chica recobró el conocimiento, confesó que era epiléptica y corroboró la historia.

Al jubilado tuvieron que darle unos cuantos puntos de sutura.

Encontré un estupendo ejemplo de resacoso rijoso onanista en *La alegría del cilicio*, un librito recién publicado de rara sinceridad y total falta de pudor —y de sentido del ridículo— escrito por un tal Clemente Torras.

Tiene el valor añadido de que Torras, empresario textil catalán, es o era —supongo que lo habrán echado después de publicar el libro— miembro numerario del Opus Dei. Es decir, de los que han hecho voto de castidad, viven comunitariamente en un piso de la poderosa secta religioso-política y no deben practicar más actividad sexual que el delirio místico y el ejercicio del poder.

Torras declara que lleva tan a rajatabla sus convicciones que la empresa que dirige no fabrica ropa interior masculina ni femenina y él no tolera que en su presencia una mujer se coma un plátano sin cuchillo y tenedor.

Pero el mojigato empresario es un poquito alcohólico y el agua de fuego le pierde. Después de un pedo de whisky se despierta siempre, como él dice, «con malos pensamientos de intensa lubricidad» y la naturaleza impone su ley.

El tipo, que no da ninguna pena porque es un fascista de tomo y lomo, lucha todo el tiempo contra su sexualidad sin conseguir doblegarla; pero lo que no se plantea en ningún momento es dejar de beber, lo cual constituye su único rasgo humano y simpático.

Copio un par de páginas especialmente sabrosas

y demenciales; hay donde elegir. El atormentado Torras dice así:

«Abrí los ojos con desconsuelo, lo había hecho de nuevo, una vez más. Me había pasado la víspera, otra vez demasiados whiskys. Me dejé llevar por la sana pasión que me dio hablar de la enorme alegría que suponía para nosotros —y para todo el orbe cristiano— la inminente subida a los altares de nuestro fundador, el ya beato José María Escrivá de Balaguer, y copita va, copita viene...

Pero lo malo no era el dolor de cabeza que me laceraba las sienes, lo peor era lo que sentía entre las piernas, esa rigidez diabólica, la demanda de ese miembro tirano, acuciante; y no eran ganas de hacer pipí, bien lo sabía, pues me pasa siempre lo mismo, me cae la misma maldición cuando he bebido con exceso la víspera.

Me duché con agua fría, pero fue en vano. No podía sacarme de la mente la imagen del anuncio de lencería femenina que vi en la calle, en la marquesina de una parada de autobús, ¡qué vergüenza propia y ajena!

Anunciaban una braguita en dos fotografías de tamaño natural, con la modelo de frente y de espaldas; un microtanga, algo diminuto, negro y transparente que apenas se distinguía en la confluencia de aquellos muslos carnosos y como de alabastro, entre aquellas caderas de ánfora griega, bajo aquel ombligo con una anillita clavada en la carne que me sugirió una perenne penitencia física por el pecado constante de su forma, con la tirita negra en medio del... Y como sólo anunciaban el tanga, a la señorita se le veían perfectamente las dos..., los... Dos senos perfectos..., con unos prominentes, unos deliciosos... Allí mismo, de pie en la bañera, bajo el chorro gélido, cometí con la diestra el pecado nefando mientras me masajeaba los testículos con la siniestra. Y además imaginaba que me lo hacía ella con sus manitas. Y que con su boca, porque ¡qué boca!... ¡Dios mío!

Me mordí los labios hasta hacerme sangre para no gemir.

No fui a trabajar.

Me quedé en mi habitación después de la Eucaristía —en la que por supuesto no comulgué, para extrañeza y cuchicheo de mis hermanos en Cristo— y de pedir al padre Natalio, nuestro guía espiritual, que me diera hora cuanto antes para el sacramento de confesión.

A la espera de limpiar mi alma del pecado mortal que acababa de cometer, me puse los dos cilicios de pinchos trenzados, uno en cada muslo, bien apretados, y sumergí la mente en la reconfortadora lectura de *Camino*, nuestra guía y fortaleza en este valle de lágrimas donde el pecado acecha como el lobo hambriento, en cualquier recodo del camino, valga la redundancia metafórica.

Fui a la habitación del padre Natalio tras quitarme los cilicios y pasar la fregona, pues dejé el suelo perdido de sangre. Mientras caminaba por el pasillo con las piernas separadas como el campechano John Wayne —mi héroe—, por los estragos que me habían hecho los pinchos, reflexioné sobre cuánto bien hacen y qué poder para aplacar a la pecadora carne tienen estas disciplinas. ¡Cero tolerancia a la concupiscencia! Ése es mi lema.

Sentados en su cama, como dos buenos amigos, me confesé con el padre Natalio sin ocultarle ni un detalle del lúbrico episodio de la ducha ni las imágenes mentales que lo impulsaron. La respiración se le hizo dificultosa y se puso rojo: le estaba costando un auténtico calvario escucharme.

Me mandó de penitencia rezar dos rosarios completos, pero antes de darme la absolución se ofreció a tocarme él a mí, sí, ahí; incluso a tocarse él también o si lo prefería a tocarnos mutuamente y al mismo tiempo orar a Jesús al unísono, con todo ahínco y piadoso frenesí. Me dijo que sería una especie de catarsis liberadora: combatir al pecado con sus mismas armas, como la vacuna del mal, que se basa en inmunizarse tomando un poquito del mismo veneno, de la misma ponzoña que nos hace daño.

Le agradecí el sacrificio que quería hacer por mí, pero no me sentí preparado para llevar a cabo una terapia potencial tan avanzada. De rodillas, le rogué la absolución y le pedí perdón por mi soberbia. Me concedió ambas gracias y me despidió con premura para no prolongar mi turbación.

¡Qué santo varón es el padre Natalio! ¡Día y noche al pie del cañón!

Después de comer volví a mi cuarto para meditar y descabezar un reparador sueñecito. Pero en cuanto me tumbé en la cama, la mórbida señorita del anuncio vino a tentarme de nuevo.

Luché un rato, me resistí a sucumbir, pedí auxilio al Beato, a San Josemaría in péctore; pero sabía perfectamente lo que tenía guardado bajo la almohada desde la noche anterior y me fue insuperable.

Tanteé con la mano a ciegas hasta dar con la prenda infame: el mismo microtanga negro del anuncio, que osé comprar en una tienda de lencería con el valor que me dio el quinto whisky.

Cogí la braguita con las dos manos y tensé los elásticos hasta más o menos la amplitud de caderas de la hermosa diablesa del anuncio... Era terrible... Era arrebatador... Cedí al desenfreno.

Me lo metí entero en la boca... Y casi también en... No puedo escribirlo. Y con las cintas elásticas hice como un lazo y me masturbé así... Así... ¡Así! Y eyaculé sobre el triangulito negro y transparente como las alas de un moscón del infierno.

Las cosas en caliente.

Me levanté de la cama y sin limpiarme ni nada saqué del armario mi más querido instrumento de penitencia, mi pequeño gato de siete colas terminadas en bolitas de plomo. Me azoté con él con tanta entrega que me despellejé por completo los hombros y las nalgas. Puse tanta energía, pues tanto era mi arrepentimiento, que casqué el mango.

No me quedó más remedio que interrumpir mi merecido castigo, ponerme debajo de la camisa una camiseta gorda para que empapase la sangre y salí corriendo a comprar otro látigo al *sex shop*, que es el único lugar en que los venden.»

Recuerdo al soldado que se ocupaba de la lavandería en mi pequeño acuartelamiento durante la mili. Era un gaditano pequeñajo y rubio, apodado *Satirón*. Un tipo silencioso y poco sociable que no tenía un duro y que la agarraba todos los días con vino de mesa El Salteño —que nos traían para el comedor a espuertas y que casi nadie tomaba—, lo cual era heroico.

A *Satirón*, antes de entregarse a su libación diaria del gratuito El Salteño, lo que le gustaba era hacerse pajas en el cuartito en que se apilaban las sábanas sucias. Antonio *el Malagueño* lo descubrió espiándole por el ojo de la vieja cerradura y él le puso el mote.

Satirón se la meneaba subido en lo alto de la pila que fue blanca y que olía a muladar.

Una vieja amiga, la señora Naranja, impetuosa folladora y una de las pocas mujeres que he conocido a la que las resacas le ponían cachonda, me confesó que durante una jornada de clavazo que se quedó en casa y no recibió visita de varón, se hizo siete pajas.

El poder de la sexualidad femenina.

Envidiable.

Y encima no tienen que levantar nada.

Folladora

Se sabe que Gengis Khan, después de una de sus grandes cenas con borrachera y orgía, pasaba el día siguiente sin salir de su tienda y acompañado por tres bellas esclavas que tenían que ser de raza caucásica y rubias o pelirrojas.

No sólo sabía de estrategia militar el mongol.

El resacoso rijoso follador sólo quiere consolar su delirio erótico así, follando. No le valen paliativos, sustitutivos ni alternativas, quiere follar, necesita follar.

Mi antiguo camarada el señor Rojo, ya citado —el que bebe sol y sombra—, es de los de resaca folladora. Pero no está casado ni tiene novia y como es muy tímido le cuesta mucho ligar. Así que cuando le dan estos apretones se va de putas. Pero como es un marxista a machamartillo le parece que contribuye «a la explotación y alienación de esa trabajadora cosificada porque participo en la triste farsa de que copule conmigo por el vil metal que le he dado»; y se le baja la polla en cuanto lo piensa; y lo piensa siempre. Y aunque va caliente como un horno, a la pobre chavala que le toca en suerte el señor Rojo, se las ve y se las desea para conseguir que acabe por izar enseña blanca.

Otro cantar es el de mis amigos el señor Morado y la señora Rosa, una pareja de monógamos que se llevan muy bien y a los que les gusta entromparse juntos. A la hora de la resaca, Rosa está moribunda y Morado también, pero se despierta con el presenten armas. Él confiesa que le entra complejo de necrófilo y lo peor, o lo mejor, es que le está cogiendo cierto gusto. Rosa tolera que le eche un polvo, pero en plan muerta, ni siquiera abre los ojos e incluso se duerme.

Y un caso exótico era el de Verde, otro compañero de mili, al que de entrada pusieron en cuarentena y lavaron con salfumán después de la primera revisión médica. A sus diecinueve o veinte años, Verde no se había lavado jamás la entrepierna —tampoco demasiado lo demás—. Según su padre, no era «de hombres echarse agua ahí abajo». Tampoco había follado nunca con un ser humano.

Su padre viudo y él eran alcohólicos, analfabetos y pastores en la provincia de Teruel. Cada mañana de resaca, tras abrocharse un copazo de cazalla, se beneficiaban sendas ovejas —Verde lo contaba sin apuro— y los domingos compartían una burrita de su propiedad que les tenía muy satisfechos y a la que querían mucho.

A la burrita, que se llamaba Rocío, le dio un infarto durante uno de los servicios y la espichó. La asaron en un horno de leña y se la comieron en compañía de algún otro indocumentado.

Homosexual

Hay más de un caso.

Se da en archiprobados heterosexuales, casi siempre casados, que cuando tienen resaca les entran unas ganas tremendas de echar una canita al aire con otro tío o más habitualmente con un travesti de grandes tetas, porque así la aventura les parece menos homosexual, aunque luego se lancen a comerle el rabo como si fuera el maná celestial y pidan incluso jugar a que el travesti haga de Vlad Tepes, el auténtico conde Drakul, y los empale.

Esto me recuerda a lo que los machos más remachos del mundo, es decir, los mexicanos, llaman «macho probado».

Se trata del tío al que le gustan las mujeres, pero que para que nadie crea que le da miedo estar con un hombre o que en el fondo le apetece, tiene una experiencia homosexual, comprueba que las que le gustan de veras son las hembras y tras el experimento vuelve a su actividad de gallo.

Sin embargo, no he sabido de casos en que a homosexuales con resaca les entren ganas de tener una aventura heterosexual.

Acéfala

Se trata de juramentarse con uno mismo para pasar la jornada de *daño colateral* dejando la cabeza en el armario.

Caer en un estado de descerebramiento e idiocia como terapia de descanso para que la resaca se deslice como dedos limpios sobre seda y acabe por caer en el desagüe del olvido.

Lo pide la mente después de una de esas largas incursiones en que perdiste la cuenta después del octavo *gin tonic* y has vuelto a casa en parihuelas y cuando la calle ya estaba en plena ebullición matinal.

El resacoso acéfalo pasa el gran clavo dedicado a actividades de entretenimiento simples y/o chabacanas y del peor gusto posible.

Lecturas: básicamente la obra de Ibáñez: Mortadelo y Filemón, el botones Sacarino, Pepe Gotera y Otilio, 13 rue del Percebe, Rompetechos... Quizá, como mucho, en un alarde de intelectualidad, algo del capitán Trueno de Víctor Mora y viejos tebeos de Hazañas Bélicas y el sargento Gorila.

Vídeos: un día perfecto para ver una de Chuck Norris o de Steven Seagal. También puede detener la facultad del pensamiento una de Mariano Ozores con Pajares y Esteso o *Le llamaban Trinidad.*

Juego de ordenador: uno de argumento simple y de matar mucho utilizando como máximo dos botones del *joystick,* o un *pinball* sin muchas chorraditas. El taller de juegos de *El rey León* también ayuda. Se aconseja poner los altavoces a bajo volumen.

Juego de mesa: la oca contra uno mismo y los seises o la brisca si hay compañía.

Y por supuesto y como entretenimiento rey la programación en horarios de máxima audiencia de cualquiera de los canales de televisión gratuitos. Si Rossellini, que creyó en el gran poder educativo de la televisión, levantara la cabeza y viera en lo que se ha convertido, se volvería a la tumba. A él se debe esta inteligente reflexión: «Al público se le suele considerar tan poco que cuando se ve profundamente respetado se siente perdido.»

El espectador de televisión actual no corre ese riesgo en absoluto.

Por la noche, te irás a la cama temprano, deprimido, asqueado de ti mismo pero con la mente descansada y más virgen que Julie Andrews en *Mary Poppins,* como si acabaras de amanecer a este ingrato mundo.

Déjà vu

O paramnésica.

El estrago físico y mental te ha dejado el cerebro

vapuleado y con las defensas bajas, como si hubieras escrito los *Episodios nacionales*, en un estado muy proclive para experimentar estas ilusiones de la mente.

El *déjà vu* —«ya visto»— o paramnesia es bien conocido por todos: crees que repites punto por punto una situación que ya has vivido y en realidad es nueva.

Es un guiño, una especie de aviso o defensa de la mente cuando estás muy fatigado intelectualmente. Suele suceder después de una actividad mental prolongada y fatigosa o... Durante una resaca.

Cuando sucede por la resaca suele presentarse con una rara intensidad; aunque eres consciente de que es un espejismo, el poder de evocación es tan fuerte que llegas a dudar si realmente has vivido antes esa situación presente.

Casi sabes o podrías decir lo que los demás van a decir o hacer en el instante siguiente. En realidad no puedes y la intuición es meramente ilusoria.

O quizá no del todo.

Renata Orsini, una bella e inteligente mujer que fue prostituta de lujo y jugadora de póquer profesional en Roma y Milán durante los años noventa, cuenta en su novela autobiográfica *El gato viejo*, que fue todo un *best seller* en Italia, lo siguiente:

> «Acudir con resaca a una de las famosas partidas que se jugaban en el chalet del doctor Montini era de principiantes, o peor aún, de idiotas.

Tenía que sacar a Roberto de mi vida cuanto antes. Emborracharme por el desdén de un hombre, enamorarme de un cliente. Era impensable, lamentable. Me estaba comportando como si fuese otra persona. Y mi profesionalidad como *call girl* quedaba por los suelos, por no hablar de mi falta de seriedad como jugadora.

Todos los errores se pagan.

No suelo beber porque mis resacas son espantosas; ésta lo fue también. Lo peor había ya pasado, pero me quedaba esa laxitud y apelmazamiento que no se superan hasta que has dormido toda la noche —y yo iba a pasarla en vela—, esa torpeza mental que es fatal para un jugador de póquer.

Estuve a punto de no acudir a la partida, pero no podía permitírmelo. Esa noche jugaba Tulio Bocca, que me había ganado la última vez que nos enfrentamos. Mi ausencia se habría interpretado como miedo a medirme de nuevo con él. Hay que mantener la reputación.

Éramos una mesa de cinco. Jugábamos con baraja del cinco al as: cuarenta cartas. Las apuestas se hacían en dólares —una manía del anfitrión— y sin fichas, directamente con billetes. Diez dólares para coger cartas y la obligación de mantener un resto mínimo de cinco mil.

Aparte del doctor Montini, Tulio y yo, jugaba el banquero Rizzoli —que estaba más pendiente de mi escote que de sus cartas— y la princesa Santangelo.

Daba las cartas Silvano, un crupier profesional con el que nunca hay ningún problema.

El que era mano decidía el tipo de póquer a dar. Acordamos limitarnos al cubierto, descubierto con una carta tapada y sintético.

A las tres horas de partida la resaca me estaba costando muy cara. Perdía unos nueve mil dólares, mantenía un resto de seis mil quinientos y me quedaban en el bolso diez mil exactos.

Ganaba Tulio, que en una sola mano de sintético, la más fuerte de la noche hasta el momento, me había levantado cerca de siete mil dólares con una escalera a la jota contra mi trío de ases.

Y fue durante una mano descubierta cuando me comenzó a suceder.

A falta de dar la quinta, nos habíamos retirado el doctor, Rizzoli y yo. Tulio y la princesa pidieron la quinta, tapada. En las descubiertas Tulio tenía una pareja de reyes, no se había visto ninguno más, y la princesa una pareja de nueves, había salido otro.

Tuve de repente no la sensación, sino la certeza, de haber vivido ya esa mano. El comentario del doctor Montini, la sonrisa untuosa que me dedicó el banquero, la copa de champán que la princesa se llevó levemente a su arrugada boca y el tamborileo de los dedos de Tulio sobre su carta tapada; ¡todo eso ya había sucedido!

Naturalmente, supe que no era más que un *déjà vu*, un aviso de la mente fatigada que me aconsejaba que me retirara y me fuera a descansar. Pero también supe o tuve la intuición, como nunca antes la había sentido, que la carta tapada de Tulio era un siete, con el que conseguía unas dobles parejas de reyes sietes, y que a la princesa le había salido el tercer nueve.

Increíble. Así fue.

Tulio perdió la mano sin costarle demasiado dinero.

Era asombroso. Un *déjà vu* que no se limitaba a la sensación global de algo ya vivido, sino que me daba un poder de adivinación: información veraz de lo que estaba por suceder, como si realmente ya lo hubiera vivido y lo recordara.

He de reconocer que esta especie de poder paranormal me dio miedo, pero mi pragmatismo de jugadora profesional se impuso.

Hicimos un pequeño descanso, durante el cual el banquero Rizzoli concretó conmigo discretamente una cita para un próximo encuentro en mi casa.

En la siguiente hora de partida el *déjà vu* se presentó otras dos veces. Le hice caso y gané dos pingües manos con las que casi me recuperé.

Hacia las cinco de la madrugada había en la mesa mucho dinero en juego. Calculo que unos setenta mil dólares.

Mi resto era ahora de casi catorce mil. Perdía unos mil quinientos. Tulio no había aumentado su remanente inicial de cinco mil y ganaba unos treinta mil dólares. Los demás perdían también en mayor o menor grado.

Silvano, por indicación de Tulio, que era mano, dio cartas para un cubierto. El cuarto *déjà vu* de la noche se me presentó en ese mismo instante, con más fuerza que los anteriores. Cuando el crupier repartió a todos la quinta carta me vi pidiendo aumentar mi resto. Decidí no tratar de entender lo que me sucedía y sí aprovecharme de ello como si se tratara simplemente de una buena racha.

Así que reviví pedir permiso para que me dejaran aumentar el resto antes de coger mis cinco cartas. Me lo concedieron. Tulio ya había visto las suyas y me miró sonriente, con ojos de depredador.

Saqué del bolso el fajo de cien billetes de cien dólares.

Antes del descarte, se niveló la mesa con una apuesta inicial de cincuenta dólares que envidó Tulio y que todos vimos.

Me había salido de mano una doble pareja de damas y de cincos. Supe que tras el descarte conseguiría el *full*, incluso supe que sería el mayor, de damas cincos, y sobre todo supe que mi jugada sería imbatible.

Así fue. Me salió la tercera dama.

Todos se descartaron de tres, menos Tulio, que dijo que estaba servido. Yo sabía lo que tenía en la mano, era fantástico, como si sus cartas fueran transparentes. Tulio tenía un flamante *full* de jotas ases, pero inferior al mío.

Tulio Bocca puso sobre la mesa, con delicadeza, un billete de cien dólares. Ninguno de los otros tres lo vio, no habían mejorado sus obvias jugadas de parejas iniciales.

Un imperceptible escalofrío me recorrió la espalda y noté una gota de sudor que resbalaba entre mis pechos. Si la intuición o lo que fuera no era cierta, aquello podía costarme muy caro, demasiado caro. Pero también pensé que sin necesidad de adivinaciones, con la jugada que llevaba en la mano, hubiera apostado duro en cualquier circunstancia.

Vi los cien dólares de Tulio y subí doscientos. Sabía que me revocaría hasta bastante arriba con esa jugada.

Efectivamente. Igualó los doscientos y subió mil.

Era el momento de jugarse el todo por el todo y de sembrarle la duda del farol, que yo tenía fama incomprobada de practicar en algunas ocasiones.

Vi sus mil y le dije que apostaba mi resto. Lo conté. Veintidós mil seiscientos dólares.

El doctor Montini no pudo evitar un silbido de sorpresa y admiración.

Tulio se tomó su tiempo para pensar. Pero yo sabía que iba a picar.

Por fin, puso sus correspondientes veintidós mil seiscientos.

Enseñé mi *full*.

Entonces, antes de que Tulio sonriera y desplegara sus cartas, mi ilusoria paramnesia cesó, se esfumó como el humo de un cigarrillo ante una corriente de aire.

Con cara de triunfo, Tulio Bocca me mostró un póquer de seises.»

Filantrópica

La historia favorita de un resacoso filantrópico es la anécdota que contaba Kafka a Max Brod, sucedida durante su infancia en Praga.

Parece ser que el pequeño Franz veía desde su casa a un mendigo que pedía limosna a la puerta de la cercana iglesia. A Kafka le daba mucha pena y decidió darle toda su asignación semanal, que acababa de recibir. Pero le hacía sentir vergüenza dársela toda de una vez, le parecía un pecado de prepotencia o de jactancia. Así que consiguió cambiar la paga en la más menuda calderilla y al pasar por delante del mendigo le echó una monedita. Dio la vuelta a la iglesia y al volver a pasar le dio otra. Y así sucesivamente; hasta que el mendigo, a la sexta o séptima vuelta, agobiado, se levantó y se marchó de allí.

Lo habitual es lo contrario: que la resaca te convierta en un misántropo que no se aguanta ni a sí mismo es lo consecuente con su naturaleza que demanda cuarentena y retiro. «No tener el coño para ruidos», que dice la sabiduría popular.

Sin embargo, hay algunas personas a las que la resaca les altera la relación con el mundo y sus gentes, les despierta sentimientos de filantropía y les lleva a realizar actos de generosidad de los que suelen arrepentirse pasado el clavo.

Extraños casos en los que la resaca convierte a personas con un grado de ruindad y mezquindad corriente en filántropos desprendidos que incluso llegan al despilfarro.

Una especie de síndrome de san Martín de Tours, aquel que cortó en dos su capa con la espada para compartirla con un pobre aterido de frío.

Mi amigo el señor Azul Cielo me contó que durante unas vacaciones con su mujer en Punta Cana, República Dominicana, padeció las consecuencias de una resaca filantrópica que también podría clasificarse como **enajenada.**

A pesar de estar en el Caribe se levantó una de las mañanas con una resaca de whisky bastante severa. No se sintió con ánimo de soportar el sol en la playa del hotel, donde se quedó su mujer, y decidió irse en un coche de alquiler a visitar la cercana población de Igüey.

En seguida comprobó que había poco que ver y que aquello no era más que un villorrio miserable. Pero le sorprendió que en un pueblo pobre como Igüey hubiese una enorme iglesia, Santa María, muy hortera por cierto. Con ese gusto por lo *kitsch* que se tiene con resaca, se acercó a visitarla.

Y allí le sucedió. En la entrada de la descomunal iglesia había unos veinte deheredados entre mendigos tullidos y niños con la mano extendida. Aquella corte de los milagros atosigándole —apenas había más turistas por allí— le produjo una enorme congoja. Empezó a llorar, probablemente ayudado por el par de litros de cerveza Presidente que había abrevado en dos o tres cantinas, y a repartir todos los pesos y los dólares que llevaba en la cartera. No conforme con esto, le dio la cámara de fotos —detalle surrealista— a un ciego que le recordó al de *Viridiana* y después se llevó a todos a un restaurante del pueblo y les invitó a langostas a la plancha con tostones —plátanos fritos—. Pagó con la Visa oro y encima le cobraron el doble que a cualquier lugareño.

Volvió al hotel en la *guagua* de línea vestido sólo con los pantalones cortos porque regaló el coche de alquiler y hasta la camisa.

El coche, un caro Honda japonés, apareció al cabo de dos días en la frontera con Haití, pero sin motor ni ruedas ni asientos ni puertas. En la República Dominicana los coches son muy costosos y la gente los monta por piezas.

La resaca filantrópica le costó al señor Azul Cielo quedarse dos años sin vacaciones y la separación de su mujer, que esperaba desde hacía tiempo la gota que colmara el vaso.

Otro curioso caso de resacoso filantrópico, menos radical pero más periódico que el de Azul Cielo, es el del capitán de barco jubilado Azul Marino, que vive solo —le abandonó su mujer— en su pueblo, Mundaka, el más hermoso de la costa vizcaína.

El capitán Azul Marino tiene algo de su colega Haddock: es borrachín, irascible y no suele padecer resacas. Por otra parte, en sus días *normales* es un tacaño modélico que prefiere mantenerse alejado de todos en los numerosos bares de Mundaka para no tener que pagar un vino a nadie.

Pero cuando el capitán Azul Marino tiene comida en el casino y luego partida de mus, acaba por agarrarla cuadrada. Esto sucede un par de veces al mes, cuando vienen a visitarle sus amigos de verdad, tres bermeanos que navegaron con él.

Antes de comer se toman una docenita de blancos, con la comida botella de tinto reserva por barba y un par copas de *armagnac*. Y durante la partida tres o cuatro *gin tonics*. El capitán Azul Marino y su pareja suelen ganar y para su alivio por lo menos le salen los combinados gratis.

Y por la noche, en taxi a Gernika para ir de putas. Donde cae alguna botella más de tinto picando algo y otros dos o tres *gin tonics* en el puticlub, donde, entre la carga que llevan acumulada de todo el día y que entre los cuatro suman más años que san Pedro, no creo que levanten más que la voz.

A la mañana siguiente, el capitán Azul Marino sí se despierta con resaca. Y el tipo agarrado y con mal humor que es habitualmente se convierte en una malva y un tío simpático que paga más de una ronda a todos los que están en el bar de turno, les conozca o no. Luego invitará a un par de paisanos con los que normalmente casi ni se saluda a comer unos percebes y una chuletita donde Viriato, en el puerto, pero no antes de mandar un generoso giro telegráfico a sus dos nietos, que viven en Vitoria y a los que no regala nunca nada ni el día de Reyes.

La jornada de reflexión la pasa en casa, sin salir para nada, enfadado consigo mismo y con el mundo.

Consumista

Suele producirla la pretérita ingestión de nobles alcoholes de alta calidad. Por ejemplo, mi amigo el señor Amarillo, ex censor de cuentas y rentista, se despierta con esta clase de resaca después de haber bebido champán francés, algún tinto gran reserva, excelente *armagnac* y/o whisky de malta no inferior a quince años.

Es por tanto la consumista un tipo de resaca peligrosa para el bolsillo, como la **filantrópica**.

Se caracteriza por tener ganas de comprar cosas diversas, según el carácter específico de cada resacoso.

Más que unas ganas compulsivas de comprar, lo que sucede es que resulta muy entretenido hacerlo y se pasa muy bien la mañana de clavo dedicado a esta cara labor.

Naturalmente, apetece comprar en lugares agradables y apacibles. Ir a unos grandes almacenes el día que comienzan las rebajas, a una subasta de pescado o a la bolsa de valores no es aconsejable por evidentes razones.

Una de las resacas consumistas más clásicas empalma y comparte naturaleza con la **gulosa-gastronómica**: es la de ir a un bien pertrechado y escogido colmado a comprar mariconadillas buenísimas y *delicatessen* carísimas.

Al citado amigo Amarillo le da por ir al maravilloso supermercado de El Corte Inglés. El tipo de alimentos se los marca la resaca: gazpacho, ajoblanco, chuletas de Sajonia cocidas, pechuga de pollo ahumada, jamón de cerdo ibérico alimentado con bellotas, jamón de Praga, *foie*, salmón salvaje ahumado, boquerones escogidos, perdiz en escabeche, los espárragos más gordos que haya —«más que la picha de John Holmes», según dice textualmente, ya que es un poco maricón—, corazones de alcachofas de Tudela, mostaza de Dijon, mayonesa de aceite de oliva, pesto, encurtidos, vinagre de Módena, la botellita de aceite extra virgen más cara y un largo etcétera.

Lo único que le jode un poco al señor Amarillo del pasatiempo es empujar el carro, que acaba lleno hasta los topes, y por supuesto el paso por la caja, donde la longitud de la cuenta y la monstruosa cifra final espetada por la voz despiadadamente neutra de la cajera le producen siempre un acceso de sudor frío, un empeoramiento de la resaca y la misma frase mental: «No es posible.»

Además, como no carga más que con las cuatro chorradas de consumo impostergable y el resto se lo mandan a casa al día siguiente, sale de allí con una desasosegante sensación de manos vacías.

Pero por lo menos la consumista de supermercado es una resaca más o menos útil y te acabas por jamar lo que compras.

La más terrible variante es cuando a uno le da por ir a comprar ropa. La resaca altera todos los sentidos y de un modo muy especial el del gusto. El hortera que todos llevamos dentro ocupa el puente de mando y tripula la nave.

Todavía recuerdo con espanto y oprobio la compra de unos mocasines náuticos color amarillo canario y una camisa hawaiana que nunca ha visto la luz fuera del armario.

Para evitar males mayores, una mañana de resaca consumista es conveniente mantenerse muy lejos de joyerías, relojerías, tiendas de electrodomésticos y galerías de arte minimalista.

También de cualquier tipo de subasta, no sólo de pescado.

El señor Amarillo pujó victoriosamente en una sala de subastas de Barcelona por los ciento un dálmatas de Lladró; los tiene en el alféizar de una ventana con la esperanza de que se los lleve el viento.

Aunque bien es verdad que con las suficientes ganas y voluntad se puede uno labrar la ruina en cualquier lugar.

Después de una de sus incursiones al supermercado de El Corte Inglés, cargado con doce colas de langosta congelada y diez kilos de kraken que estaba de oferta, el señor Amarillo, todavía con los ciento un dálmatas de Lladró a flor de piel —cualquier tipo de resaca favorece la amnesia de la anterior—, se metió como atraído por un imán a una tienda de soldaditos de plomo que a ambos nos pierde. Salió de allí con una buena parte de los cien mil hijos de san Luis, una división acorazada Panzer y el límite de la tarjeta de crédito excedido. Encima, la notable cantidad de amoniaco que supuraba la carne del kraken le comió la pintura de la mitad de los soldaditos.

Y nunca olvidaré aquella resaca de 1986 en la que entré a una librería, firmé un montón de letras de cambio y al cabo de un par de días me trajeron a casa la Enciclopedia Británica completa con todos sus anuarios desde la guerra de Crimea.

Dieciséis años después, aún la estoy pagando y sigo sin saber inglés.

Invisible

No confundirla con la inexistente.

La inexistente se da cuando te has pasado una temporada convirtiendo las jornadas de reflexión e incluso algunas de resaca (ver **Prólogo**) en días de nueva trompa. Llevas tal cadena de clavos casi encadenados que la mañana que has conseguido romper un eslabón y te despiertas sin resaca, no te das cuenta por la fuerza de la costumbre. Durante un buen rato crees que vuelves a tener el familiar cebollón, incluso lo sientes y te comportas en consonancia hasta que te percatas del error, cosa que da sana alegría y sensación como de renacer.

Como en realidad la inexistente, pues eso, no existe, no le adjudico una categoría propia.

La resaca invisible es tan sutil que crees que no la sufres. Pero ésta sí existe, vaya que si existe. La tienes dentro, en lo más hondo, bien camuflada, como la cría del Alien.

Se da cuando en las libaciones te has quedado al límite, en la frontera del trago número «X», el que te cuesta impepinablemente una resaca. Pero aunque has bebido sin cruzar la raya, el alcohol te ha pillado esa noche con las defensas más bajas o has metabolizado peor, el caso es que esa cantidad te ha afectado más que de costumbre.

Al revés que en la inexistente, te levantas en la creencia de que no tienes resaca y te dispones a pasar el día con energía, bonhomía y decisión.

Pobre inocente.

Porque varias claves, atisbos o indicios te revelarán en el transcurso de las horas la presencia agazapada de la bestia, que comenzará a dar zarpazos, suaves porque la resaca es pequeña y por tanto un cachorro, pero bestia al fin y al cabo.

La descubrirás al encender el primer cigarrillo, con el sobresalto desproporcionado que te ocasiona ese claxon de coche, con la reacción de desmedida mala leche que tienes con ese camarero autista, con lo mucho que te carga la historieta que te está contando tu cónyuge o con lo mal que te entra el primer *gin tonic*.

Ante la evidencia irrefutable responde con mansedumbre, estoicismo y humildad. Vístete de saco, cubre tu cabeza con ceniza, reconoce el clavo y échatelo al hombro cual nazareno en *via crucis*.

Creativa

Que yo sepa no me pasa más que a mí y por desgracia pocas veces.

Seguro que les sucede a más desequilibrados dedicados a este oficio de escribir, pero con los que conozco no hemos intercambiado experiencias a este respecto.

Normalmente, con resaca ni enciendo el ordenador. Me tomo el día libre y lo más creativo que hago es trazar la estrategia para sobrellevar el clavo.

Sin embargo, de vez en cuando, tras una trompa apacible y no de las salvajes —las de «no hagan prisioneros»—, me levanto con una de esas resacas de laxitud y reflejos retardados que mantienen relajado y te ralentizan el funcionamiento del cerebro, pero no lo apelmazan.

Es esa ralentización, esa lentitud, la que me ayuda a establecer un pensamiento más profundo —dentro de lo que hay para rascar, claro—, más sereno. Algo parecido a la amplitud de miras y el afán detallista que me aportaba cuando era joven un pequeño canuto de hachís.

Mecido por esa resaca creativa escribo menos páginas que de costumbre, pero a cambio las dejo muy pulidas, muy corregidas; lo que sale no suele quedar mal. E incluso se me ocurren un par de buenas ideas que mejoran el libro, algún nuevo giro argumental, aprecio perspectivas distintas o me doy cuenta de alguna evidencia que había tenido todo el tiempo delante de las narices pero se mantenía oculta.

Misterios de la resaca y sus efectos en la mollera.

Gulosa

Es una de las menos malas o si se prefiere mejores, si es que resulta de buen gusto asociar una valoración mínimamente positiva con la órbita de la resaca.

Sencillísima de acotar: te levantas de la cama con más hambre que un perro pequeño y te pasas el día jamando a dos carrillos.

Cepillo, uno de mis tasqueros de cabecera, define la resaca gulosa con contundente precisión: «Yo, las mañanas que me levanto *averiao*, es que me como a Dios por los pies, chico.»

Suele exteriorizarse en bebedores con «buen vino» que han libado alcoholes de buena calidad y en buena compañía o apacible soledad.

Naturalmente, se trata de bebedores con estómagos sanos y fuertes, de los que segregan ácidos capaces de disolver piedras, y con intestinos bien dragados y con la flora en su punto; gente a la que la resaca no afecta a la *caldera* y que se sientan en el trono una sola vez al día y a hora fija para deponer un consistente tordo —no hay estreñidos entre los bebedores—. Es decir, lo opuesto al resacoso **escatológico.**

Eso sí, el resacoso guloso suele ser a un tiempo resacoso **rijoso.** Ya se sabe lo que dice la sabiduría popular: «De la panza sale la danza».

El único problema de la resaca gulosa en los bebedores habituales es que demasiados días al año te pegas esos atracones y es más que probable que te pongas como el oso Yogui.

Se pueden establecer tres subclases de resacas gulosas: una por el grado de voracidad y las otras dos por la calidad de los yantares.

Pantagruélica

Toda resaca gulosa lo es, como ha quedado dicho. A lo largo del día de indisposición, como lo definen los cursis, se come mucho más de la cuenta, como si te fueran a quitar la comida del plato. Pero la pantagruélica es caso aparte y alcanza categoría rabelesiana. Se da entre personas que de por sí ya comen mucho y que con resaca llegan a despacharse cantidades asombrosas de comida.

La historia nos ofrece un espectacular caso de resacoso guloso pantagruélico. Se trata del general carlista Zumalacárregui, cuyo legendario apetito fue precisamente el culpable de la invención del as de oros de la cocina popular española: la tortilla de patata.[1]

Su ayudante de campo, el capitán Jesús Sustacha, cuenta en su diario de campaña cómo restañó —aunque dado el método sería más exacto decir obturó— el *Tío Tomás*, nombre cariñoso con que llamaban sus hombres al general, una resaca durante el sitio a Bilbao de 1835, en plena primera guerra carlista.

---

[1] Se dice, aunque no es algo unánimemente aceptado, que Zumalacárregui pernoctó en un caserío del Baztán en el que la *etxekoandre*, la dueña de la casa, no disponía más que de huevos y patatas para dar de cenar al caudillo carlista. Y que la aldeana cuajó lentamente huevos y patatas con aceite en una cazuela de barro e inventó así una suerte de primitiva tortilla de patata.

Sustacha no tenía el pulso narrativo de Baroja precisamente.

Dice así:

«14 de junio.

Hoy, día de San Eliseo, mi general se ha levantado más tarde que de costumbre y con cara de bastante mala leche. Le calé lo que le acontecía en cuanto me ordenó que nuestra batería de Begoña, la que está montada delante de la basílica de Nuestra Señora y dispara contra la de Mallona, que es de los guiris y está aquí al lado, quiero decir la basílica, no los guiris, muy cerca del palacio del marqués de Vargas, que es donde pernoctamos nosotros y además sirve de estado mayor, decía pues que me dijo el general que dicha batería no abriese fuego hasta que él hubiese terminado de desayunar y partido hacia Amorebieta, donde dice que quiere ver si han llegado de una dichosa vez los dos cañones nuevos, los que se han fundido con las campanas de la iglesia de Durango.

Pero yo distingo a los cojos sentados y sé que a lo que fue es a reunirse con Brígida Iturrate, la mujer de Pedro Artaburu, el alcalde de la plaza, y a la sazón la querida de mi general.

¿Blanca y redonda y no es la luna? Pues es una sagrada forma, una hostia, vamos. Pues qué va a ser si no. ¿Un queso? Sí, de bola. Pues lo mismo me pasó con el tío Tomás, que se lo leí como en un libro abierto al derecho y con letras gordas. A ver. Se levanta con cara de perruco con malas pulgas, no quiere oír cañonazos cerca y se larga a echarle una vara a la alcaldesa porque está cachondo. Eso es que ayer se puso tibio de vino y hoy le pesa la boina.

Si es que para darme la razón hasta me lo dijo voecencia mismamente.

—Chuchín, manda en la cocina que me apañen al punto un desayuno como para quitar el hambre a medio Bilbao. Mucho y de todo, ¿eh? Dulce y salado. Que ayer estuve pegándole de lo lindo a un orujo de endrinas, que estaba por cierto cojonudo, con don Andrés, un cura la mar de majo de aquí al lado que hace todavía mejor el aguardiente que bastardos, que cuando ya tenía la teja ladeada y la nariz como tu boina me confesó el muy jodido que tiene siete de tres barraganas y preñada a su sobrina. ¡Hala!, vete a cumplir mis órdenes. Pierde el culo que tengo una gazuza de la hostia... Me voy a cagar en Dios, ¿todavía estás aquí, Chuchín?

Mi general me hizo el honor de decirme que me sentara a su mesa y desayunara con él. Yo rehusé por respeto y porque ya había desayunado mi tazón de leche con sopas de pan, pero insistió. En realidad lo que quería era atacar también mi plato. Nunca he visto comer tanto a nadie como esta mañana a don Tomás de Zumalacárregui Imaz, a quien Dios guarde muchos años y nos lleve a la victoria y a nuestro Infante, y pronto Rey, don Carlos María Isidro también, y el hijo de mi madre que lo vea todo.

Empezó mi general con media docena de huevos fritos tres de ellos de dos yemas que untó con mucho pan de hogaza, un plato de magras con tomate que daba gloria verlo, otro huevo frito y un choricico a la brasa que eran míos, dos cuencos de leche recién ordeñada, una taza de natas, mi vasico de vino, un guisado de anguilas del Nervión en salsa, dos bollos de leche, otro choricico a la brasa, mucho tocino frito, unas rebanadas de pan con manteca y sal, una manzana que me quitó de la boca, un capón asado, unas alubias de Guernica con conejo, pescado de roca hervido, anchoas fritas, dos peras de agua, un cuenco de arroz con leche, dos frascas de vino y una botellica de aguardiente de hierbas.

La batería de Begoña no comenzó a mandar obuses para abajo hasta pasado el mediodía y mi general, apopléjico y sudoroso tras la prodigiosa colación, no se atrevió a montar a caballo y fue a Amorebieta en calesa. Con la andorga tan repleta, que no pudo ni amarrarse la cintura del calzón, no creo que hiciese con la zorra de la Brígida una faena de catre como para pegar tiros.»

Ésa fue la última resaca pantagruélica del militar carlista. Al día siguiente, 15 de junio de 1835, el general Zumalacárregui recibió en una pierna una bala perdida mientras observaba las posiciones enemigas desde un balcón del mismo palacio del marqués de Vargas. Unos días después murió de septicemia.

Gastronómica

Sumamente placentera y reconfortante, aunque cara.

Al aquejado lo que le enrolla es comer y beber lo mejor de lo mejor: en casa si se ha pertrechado debidamente, sabe cocinar y tiene ganas de hacerlo, o en sus restaurantes favoritos.

Es propia por tanto de *gourmets*.

Por ejemplo, un día de resaca gulosa gastronómica de mi amigo el señor Carmesí, fino *gourmet*, notorio borracho y notario de Castro Urdiales, Cantabria, puede comenzar con un desayuno en casa consistente en un zumo de pomelo rojo, una sopa fría de melón con virutas de jamón ibérico, dos yemas de huevo de caserío líquidas cubiertas con unas cucharaditas de caviar iraní, rebanadas de pan integral levemente tostado, una copa de Dom Pérignon, un pequeño *croissant* recién horneado con mantequilla holandesa y un par de tacitas de café colombiano puro.

Tras despachar sucintamente en la notaría se irá al cercano Bilbao en un taxi —tiene que ser un Mercedes—, paseará un poco por la villa, visitará un par de librerías, se confortará con un caldo con un chorrito de jerez y picatostes en el bar Monterrey, tal vez ojeará alguna exposición nueva en el Guggenheim o el museo de Bellas Artes, se comerá unos percebes regados con dos copas de albariño Veigarades en el bar Serantes y tomará un *Bloody Mary* en el JK. Llegada la hora de comer, acudirá al restaurante Zortziko, donde compondrá el almuerzo perfecto: un *dry martini* de Bombay Saphire de aperitivo; la copa de *foie* en *gelée* de tempranillo con pera caramelizada entre trago y trago de una botellita de vino blanco dulce Tokay, por ejemplo un Aszú; media ración de ostras crocantes sobre migas crujientes, un par de vieiras con salsa de tocineta ahumada, una bolita de helado de *txangurro* y otra de tinta de chipirón con el acompañamiento de un *txakoli* Aretxaga o Txomin Etxaniz; pichón a las cinco cocciones con media botella de tinto Roda I; una sopita de frutos silvestres; café y *armagnac* Domaine Boingnères.

Después, cogerá habitación en el cercano hotel López de Haro, donde quizá vea un rato un porno por la televisión de circuito cerrado —el señor Carmesí comparte la resaca gastronómica con la **rijosa-onanista**— y se echará la siesta.

Al anochecer dejará el hotel y se internará por el casco viejo, donde cenará a base de pinchos regados con sendas copas de cava brut, después del rito de tomarse un refrescante *gin tonic* en el bar Urdiña. Un pincho de ventresca de bonito en el Víctor Montes, uno de gambas en el Fernando, un mejillón relleno en el Baste, chicharrito ahumado en el Xukela, uno de pulpo *a feira* en el Laga, un pequeño *steak tartare* en el Gatz, anchoas marinadas en el Irrintzi y un poco de lomo ibérico en el Santamaría, donde acabará bebiendo tinto cosechero Luis Cañas.

Con la carga acumulada todo el día, la riada de cava y el broche del tintazo cosechero, el señor Carmesí se dará cuenta de que se le ha pasado la resaca y lo que está es pedo de nuevo. La gulosa gastronómica se ha transformado en una **etílica**. Entonces se internará por Barrencalle y terminará de agarrarla forrándose a *gin tonics* en los antros más infectos.

La noche puede terminar de cualquier modo.

A la mañana siguiente, vuelta a empezar.

El señor Carmesí soporta treinta kilos de sobrepeso, hipertensión, exceso de ácido úrico, glucosa y colesterol disparados y tiene más transaminasas y triglicéridos que Richard Harris, Richard Burton, Peter O'Toole y Oliver Reed juntos en sus buenos tiempos. Aunque gana una pasta gansa vive al día, por encima de sus posibilidades y con deudas.

Ninguna compañía quiere suscribirle un seguro de vida.

De comida basura

Básicamente es lo mismo que las otras, pero con una diferencia esencial: la gula resacosa la sacia exclusivamente el damnificado con basura del tipo chucherías, pastelería industrial, precocinados, congelados, refrescos azucarados, comida rápida, conservas dudosas, pan de molde y demás productos lamentables de ese estilo.

Comparte obvia naturaleza con la **enajenada** y suele darse también entre los de la especialidad **troglodita.**

Curiosamente, los que envilecen una buena resaca ganada a pulso con estas repugnantes prácticas alimenticias no suelen ser personas que comen habitualmente todas esas porquerías, incluso se ha dado algún caso, muy raro desde luego, entre los *gourmets.* Pero en el resacoso afecto a la comida basura se opera una horrible metamorfosis que le lleva a este repugnante desmán. El pobre diablo que sufre esta degradación, consciente de su dimensión vergonzosa y vergonzante, suele trapiñarse las inmundicias a solas y en la intimidad del hogar.

Bien es verdad que muchos de nosotros experimentamos con frecuencia durante la resaca el nacimiento de unas ganas perentorias de comer cosas grasientas o muy dulces o realizamos amalgamas de alimentos de dudoso gusto culinario y las bañamos en salsas contradictorias o inconfesables.

Yo mismo he de confesar que una vez le eché una buena rociada de *ketchup* a un par de salchichas tipo Frankfurt. Lo recuerdo cada mañana nada más despertarme y la culpabilidad me hace sonrojar.

Pero una cosa es ceder a una debilidad transitoria de este tipo y sólo ocasionalmente —hasta a la mejor puta se le escapa alguna vez un pedo— y otra muy distinta pasarse un día entero dedicado a tragar cosas que rechazaría hasta un pobre cerdo condenado a un régimen exclusivo de pienso industrial fabricado con harina de pescado y cuya carne sabrá a abadejo prensado.

En fin.

En consonancia con la metodología aplicada casi sin excepciones en el resto del tratado, sé que debo poner un ejemplo de esta conducta infrahumana, pero en este caso me cuesta, por mera sensibilidad.

Liquidemos este enojoso asunto cuanto antes.

Era, es y será —hasta que la acumulación de inmundicia termine de reventarla como a una bolsa de basura fermentada— una resacosa gulosa de comida basura mi por supuesto ex amiga la señora Cerúlea, que vive en Madrid y no sé a qué se dedicará ahora.

No es que Cerúlea comiera habitualmente manjares, de hecho solía forrajear en un restaurante chino de la cutre calle Fuencarral que terminó precintado por Sanidad. Supongo que se ha papeado las costillas agripicantes, su plato favorito, de más de un abuelete de ojos rasgados. Pero de ahí a lo que se metía en el cuerpo un día de resaca, media un continente.

La señora Cerúlea solía entromparse con cubatas de coñac Magno, lo cual ya da una idea aproximada del paladar de la interfecta. Estaba gorda como una boya, rebosante de esas carnes fláccidas, céreas y temblonas como un flan de gelatina. Y tenía un perenne color terroso de cutis, sólo alterado por las constantes ojeras como de mapache y unos granos volcánicos que también se atrevían a asomarse por todo su cuerpo. ¿Que cómo sé tantos detalles físicos de la abyecta? Corramos un tupido velo.

Esta morfología se explica perfectamente con la publicación de la dieta de la señora Cerúlea un día de resaca.

Disculpe el lector que hiera de este modo su sensibilidad.

Al levantarse: un dónut cubierto de chocolate; un puñado de gominolas de naranja; un bollo de mantequilla industrial preñado de sucedáneo de mermelada de albaricoque; un sándwich de pan de molde con chorizo de Pamplona y mortadela con aceitunas; un tazón de agua caliente, leche desnatada en polvo y café instantáneo endulzado con sacarina líquida; zumo de tetrabrik de uvas con pera y un paquete de cortezas de cerdo.

A media mañana: una ración de patatas bravas con suplemento de *ketchup* y una Fanta de naranja en el bar El Pesebre, sito también en la calle Fuencarral.

Al mediodía: una ración de ensaladilla rusa tapizada de boquerones torturados en vinagre y empujada con tres botellines en el bar El Socavón, sito en la calle Hortaleza.

A la hora de comer: sopa de sobre de tapioca con cordero y verduritas liofilizadas; una tortilla de patata refrigerada y envasada al vacío; barritas de merluza ultracongeladas; una lata de albóndigas marca El Alud; pan de molde frito en margarina; vinos de mesa blanco y tinto El Salteño mezclados para obtener clarete; un tarro de pipas de girasol con cacahuetes pelados y un manojo de regalices de plástico rojo, muy inflamables.

A media tarde: un cucurucho de churros y otro de buñuelos rellenos —(?)—, comprados en la churrería Viuda de Masa de la plaza de Chueca y ayudados a pasar por el garganchón con dos batidos de fresa y una Pepsi-Cola de litro.

En el cine: una hamburguesa de Burger King; un cubo de palomitas de maíz; un trozo de empanada de atún en escabeche del bar Operación Nécora; dos latas de Red Bull y un paquete de caramelos de La Pajarita.

A la hora de cenar: una lata de gazpacho Olé; alitas de pollo preparadas para volar en el microondas; una *pizza* cuatro estaciones de las que traen en moto de Malasaña; un bolsón de patatas fritas con sabor a cebolla y vinagre; una litrona de cerveza y una botella de gaseosa de limón para mezclar. Sin postre porque a la noche conviene irse con un poco de hambre a la cama.

Aventurera

O viajera.

Sus propias denominaciones la definen. Aqueja a sujetos de naturaleza inquieta que en vez de pasar las resacas como mandan los cánones, es decir, quieto parado en la unidad de cuidados intensivos doméstica, se complican la vida en plan Indiana Jones o Marco Polo.

Aunque hay que reconocer que en algunos casos las decisiones aventureras y viajeras tomadas a causa del clavo, en vez de ocasionar problemas, los ahorran.

Dos ejemplos:

Un tendero de mi barrio, tras mucho resistirse, accedió por fin al deseo de su mujer —que fue la que me contó la historia— de tener un segundo hijo.

A los dos meses del nuevo embarazo, el marido acompañó de mala gana a su señora al ginecólogo para que le hicieran la primera ecografía.

El tendero estaba poco voluntarioso porque la noche anterior había tenido cena de ex alumnos del colegio de los maristas, había pillado una buena trompa y el día de autos estaba resacoso.

Pero si pálido fue a la consulta del ginecólogo, verde se puso cuando el médico dijo que se veían perfectamente dos embriones en la pantalla, iba a ser padre de gemelos.

Al tendero se le agravó la resaca con el tremendo susto, pasó del verde al gris ceniciento, tuvo unas aparatosas náuseas y vomitó, sin tiempo de llegar al cuarto de baño, en la propia consulta.

Ya en la calle, entraron a la cafetería La Granja porque él quería tomar una infusión de manzanilla. Dijo que iba un momento al servicio y desapareció.

Su mujer, que siete meses después parió dos chavalotes que pesaron tres kilos trescientos cada uno, no ha vuelto a verle.

La atribulada señora supo por el limpiabotas de la cafetería que su marido había salido por la otra puerta del bar, la contigua a los servicios. Y la policía averiguó que esa tarde, el tendero resacoso que no quiso ser padre de familia numerosa cogió un avión para Madrid y desde Barajas otro que salió esa misma noche para La Habana. Nada más.

Un toledano que trabajaba de camarero en el bar de un hotel de El Cairo me contó cómo y por qué había ido a parar a Egipto.

Una noche de 1989 el hombre celebraba con los amigos su despedida de soltero que, conforme a la tradición, se llevaba a cabo la víspera de la boda para que el novio fuera a la iglesia con una buena resaca encima. La novia, que era la de toda la vida, hacía lo propio en otro restaurante con sus amigas.

El toledano se puso bien ciego durante la cena de tinto de Valdepeñas y repugnante cava semiseco, y de cubatas en el inevitable bar de putas.

Después de hacer lo que pudo con la mulata que le pagaron a escote los amigos, se quedó dormido en el siguiente antro, como un tronco.

Le despertó el desagradable zumbido de un interfono por el que le dijeron que en veinte minutos llegaba a Barcelona. Estaba en un coche cama de tren. Los malasombras de sus amigotes le habían gastado la típica y pesada broma que le iba a costar suspender la boda. Pero no pudo ni enfurecerse, una tremenda resaca le partía la cabeza con el hacha.

Así que con las sienes palpitándole, bajó del tren y subió al vestíbulo de la estación de Sants.

Sin saber por qué, en vez de llamar a su novia, insultar a sus amigos o dirigirse directamente al aeropuerto para intentar volver cuanto antes a Toledo, compró aspirinas, bebió agua y desayunó con parsimonia. Después salió de la estación, cogió un taxi e indicó que quería ir al puerto. Allí pasó el día dedicado a la observación de los barcos atracados. Al anochecer consiguió colarse en un mercante de bandera noruega del que se informó que levaba anclas a medianoche, pero no consiguió saber con qué rumbo.

Lo descubrieron oculto en un bote de salvamento frente a las costas de Túnez y lo expulsaron del barco en Suez.

Nunca regresó ni se puso en contacto con nadie de Toledo ni dio la más mínima señal de vida a su novia.

Sin embargo, en otros casos una resaca aventurera puede costar muy cara.

Mi padre me contó una historia de su mili, que hizo en infantería de aviación en El Pinar de Antequera, Valladolid.

En la prevención del acuartelamiento cumplía condena un canario guapete y listillo. No se sabía por qué allí y no en una prisión militar.

El canario había sido el cabo furriel de la compañía y tenía un buen negociete montado con la venta en el mercado negro de pertrechos y sobre todo de gasolina. Compartía los beneficios del choriceo con su capitán. Pero cuando se descubrió el pastel, el marrón se lo comió sólo el canario y el capitán salió de rositas.

El canario llevaba una vida de preso bastante relajada. Incluso, los domingos le dejaban dar una vuelta por Valladolid custodiado por dos policías militares.

Un sábado que era su cumpleaños, el cabo primero que estaba de guardia en la prevención, y que era amigo suyo, quiso regalarle un revolcón con una puta que tenía que venir de Valladolid. Pero algo falló y no pudo ser. Para intentar compensarle, le consiguió una botella de coñac que el canario se pimpló entera.

Al día siguiente, el canario se despertó con una resaca de reglamento, pero a pesar de que estaba tundido no renunció a su paseíto dominical vespertino por la ciudad.

En un descuido de los policías militares se escapó.

Dictaron contra él una orden de búsqueda y captura por prófugo, pero no lo pillaron.

Meses después, el capitán recibió en el cuartel una carta con un extraño matasellos. Mi padre, que era el nuevo furriel, pudo abrir el sobre con vapor, leerla y volver a cerrarla.

La carta era del canario. Le contaba al capitán que tras fugarse había conseguido llegar a Marruecos, donde se alistó en la Legión extranjera. También le contaba que durante todo el tiempo que mantuvieron el negociete juntos, se estuvo tirando a su mujer, que según mi padre estaba muy buena y que vivía con el capitán en un chalecito cercano al cuartel. Por si no le creía, el canario le describía la pequeña cicatriz que la mujer tenía en una nalga, los muy prominentes pezones y un lunar sobre el pubis de rizado vello negro, pues la adúltera era rubia de botellazo.

La carta venía de Indochina, era el año 1954 y poco después comenzó la batalla de Diem Bien Phu.

En una de las biografías de Francisco Pizarro se dice que en la isla del Gallo, atribulado por todas las calamidades que sufría la expedición a Perú y el desánimo de sus hombres, el conquistador se emborrachó una noche a solas, en la playa.

A la mañana siguiente fue cuando congregó a sus ochenta hombres en esa misma playa, trazó con la punta de la espada una raya en la arena y les dijo que al otro lado de la línea, donde permanecía él, estaba el sur, Perú y la riqueza. Y al otro lado el norte, Panamá y la seguridad. Que quienes quisieran seguirle cruzaran la raya y los que no se volvieran. La cruzaron trece de los ochenta, los conocidos como los «Trece de la Fama».

Atérmica

Aunque científicamente no sea cierto que lo aminora, es práctica corriente tomar alcohol para combatir el frío.

Y beber potentes destilados produce una sensación inicial de calor interno.

Lo que ya es mucho más raro es que durante una resaca se tenga ese calor o no se sienta el frío.

Bien es verdad que con resaca todos buscamos el frescor, el airecillo y la compañía del hielo para mitigar la ardiente congestión. Recordemos el «amanecer en llama» de los cubanos. Pero hasta cierto punto. Y además, a la congestión suele suceder el destemple.

Conozco un caso de resacoso atérmico, un compañero, otro guionista, el señor Colorado.

Coincidí con él hace unos años en un trabajo. En plan muy americano, nos llevaron a un equipo de cinco guionistas a pasar tres o cuatro días al parador nacional de Sigüenza, en Guadalajara. Teníamos que acabar de perfilar los personajes y hacer las tramas de los trece episodios de una nueva serie de televisión, que por cierto fue un sonado fracaso.

Era febrero y hacía un frío polar.

Pasábamos todo el día trabajando en una sala de reuniones y por la noche nos entrompábamos por los bares de Sigüenza y en el del propio parador.

Por la mañana, aunque fuera haría un par de grados bajo cero y en la sala había una calefacción adecuada, ajustada a veintiún grados, el guionista resacoso atérmico se empeñaba en abrir las dos ventanas, que para colmo daban al norte.

El parador de Sigüenza es un castillo y estábamos en una de las torres, muy en consonancia con el nivel medieval del resultado de nuestro trabajo.

Todos los demás le pegábamos la bronca y le obligábamos a cerrar las ventanas porque nos helábamos. Colorado las cerraba a regañadientes, se sofocaba, sudaba profusamente y terminaba en camiseta.

En los descansos salía a darse un paseo sin abrigo por las murallas, acompañado por el silbido del viento gélido que soplaba entre las almenas.

Agorafóbica

Suele darse entre personas enfermas de estrés, fumadores de cannabis, bebedores de cerveza con ginebra y neuróticos en general.

Como su propio nombre indica, al resacoso agorafóbico le angustia estar en espacios abiertos; se siente oprimido bajo la amplia bóveda celeste. Algo parecido a lo que le sucedía al marinero *Limpio* —interpretado por un jovencísimo Lawrence Fishburne— en *Apocalipse Now*, del que la voz en *off* del capitán Willard dice que es una rata del Bronx al que «la luz y los espacios abiertos de Vietnam le creaban serias alucinaciones».

Recuerdo un caso de resacoso agorafóbico. Lo conocí en los años ochenta, cuando vivía en Barcelona, en la época de mi resaca **sicótica**. Pongamos que se llamaba Paquito. Era un pequeño camello, pequeño en todos los sentidos: trapicheaba con unos pocos gramos de hachís y unas cuantas *anfetas* por la plaza Real y las Ramblas y mediría poco más de metro y medio. Era muy feo, muy simpático y tenía muchísima gracia. Solíamos coincidir en algunos bares y nos hicimos amiguetes.

Paquito, menos picarse, le pegaba a todo, pero lo que más le ponía era privar whisky Dyc[2]. En realidad, hubiera preferido beber cualquier escocés, pero el matarratas nacional le salía bastante más barato y como no nadaba precisamente en la abundancia y soplaba mucho, tenía que conformarse. Según decía, nunca faltaba una botella de Dyc en la mesilla de su cuarto —vivía en una pensión de la calle Conde de Asalto de meter miedo— y dos vasos de tubo, por si traía compañía.

Precisamente, una de las noches que estaba acompañado —se ligaba a mujeres horrorosas, feísimas— y aparte de la fila habitual de whiskys se había metido un ácido, tras un pesado sueño se despertó con una buena resaca.

Poco a poco realizó ese incierto y desorientado proceso que es volver al mundo cuando se tiene resaca. Cuando más o menos ya lo había conseguido, al mirar hacia la mesilla le asaltó una visión espeluznante que le provocó un ataque de pánico. Comenzó a dar gritos de pavor.

Dentro de uno de los vasos de tubo, terciado de whisky Dyc, había una sonriente dentadura humana,

---

[2] También llamado dragados y construcciones.

con sus encías y todo, semisumergida en el líquido abrasivo. Paquito deseó en medio de la sicosis que la alucinación se debiera a un coletazo tardío del *tripi*, que era de los legales, y no a un ataque de *delirium tremens.*

Con el alboroto, su compañera de piltra se despertó y con pronunciación ceceante le mandó a tomar por culo por dar gritos.

Al verla, Paquito gritó más. Era todavía más fea de lo que recordaba la víspera y me aclaró que la recordaba la hostia de fea; se había transformado en una vieja con boca de pasa arrugada.

¿La alucinación se extendía en cadena?

Sin hacerle más caso, la ninfa alargó un brazo huesudo hacia la mesilla, le puso delante de los ojos un pezón que parecía la colilla de un puro barato, cogió el vaso alucinante, sacó la dentadura postiza, se la colocó con gesto acostumbrado y desayunó el Dyc que le había servido de líquido antiséptico.

Paquito comprendió al fin, se tranquilizó y atinó con la asociación de ideas que le explicó por qué la mamada que le había hecho la gárgola antes de dormir había sido tan suave y placentera.

Pero ese susto cambió algo en Paquito y mutaron sus resacas. Por alguna misteriosa y hermética relación con la pseudo alucinación de la dentadura postiza, comenzó a padecer resacas agorafóbicas. Sólo se sentía bien y seguro entre las callejas más estrechas del barrio Chino o del Borne, las que casi no dejan entrar la luz del sol. Y cuando tenía que cruzar alguna gran arteria de la ciudad, como la calle Aragón o la Gran Vía, le asaltaba una sensación vertiginosa, mareo y un sudor frío que le perlaba la espalda. Sentía que se iba a caer de un momento a otro y que no iba a ser capaz de llegar hasta la otra acera.

Así se pasó el pobre Paquito un montón de tiempo, hasta que otro desagradable percance cambió las características de sus resacas a lo diametralmente opuesto y complementario.

Claustrofóbica

El resacoso claustrofóbico no soporta estar en lugares angostos y cerrados. Por supuesto, sus filas también las forman los neuróticos —pero ¿acaso puede decirse que alguien de nuestra sociedad no lo sea en absoluto?—. Nada de aviones, ascensores, cabinas telefónicas, sótanos, desvanes, casetas de perro, retretes de autocar, confesionarios, féretros, celdas de castigo, batiscafos, cámaras de gas..., etcétera.

Los colmos del horror para un resacoso claustrofóbico son las cuevas de Altamira y un coche cama de Renfe.

Mi antiguo amiguete el camello Paquito sirve también para ilustrar la resaca claustrofóbica.

Ver utilizar su querido whisky Dyc como líquido higiénico para dentaduras postizas le produjo a Paquito una gran repugnancia y no volvió a probarlo. Se cambió a la cerveza con ginebra. Cervezas San Miguel o Estrella Dorada de tercio de litro, sin vaso, a morro. Se bebía como una cuarta parte de la botella de un par de tragos y se la rellenaban con ginebra hasta el borde. «Una *mitjana* —mediana— con bien de Larios, *nen*» se convirtió en su nuevo grito de guerra.

Y fue la escasez de cerveza la que le condujo a una nueva experiencia traumática que cambió sus resacas **agorafóbicas** por **claustrofóbicas.**

Celebraba la nochevieja con un grupo de piltrafas del arroyo como él en el piso 10º de un bloque de San Adrián del Besós, una zona muy poco residencial.

Después de las doce campanadas y con el personal ya muy pasado de todo, Paquito se percató de que apenas quedaban cervezas y ginebra sólo un culillo. Se empolvó la nariz con una rayaza de *speed* para neutralizar un poco la tajada y reunir arrestos con los que bajar a la tasca próxima, en la que también había una fiestorra de seres del abismo, a reponer la bodega.

Todos aprovecharon la declaración de intenciones de Paquito de ir de excursión para encargarle variados pedidos. Paquito explicó que iba a hacer de burro de carga su puta madre y al final se puso escote y se nombró a dedo una comisión encargada de acompañar al camello en la descubierta. La escolta la formaban la Trini, apodada la *Ventosa*, una *punki* enclenque pero con buenos morros que sobrevivía a base de hacer mamadas baratas en las paradas de taxis, y el *Hombre Lobo*, un recadero del mercado de la Boquería con cara de licántropo y muy amigo de engullir recortes de carne cruda y mondongos.

El trío de ases se entretuvo un rato con la aristocracia de la tasca, cayeron un par de pelotazos y algún canuto y por fin se decidió a volver a la fiesta del piso 10º con las vituallas.

El ascensor de la casa, más angosto y viejo que el ataúd de Drácula y sin puertas de protección —lo cual permitía leer las telegráficas pintadas de los entrepisos—, se había portado bien a la bajada, pero a mitad del ascenso se paró con un brusco tirón entre el quinto y el sexto piso. Paquito, la *Ventosa* y el *Hombre Lobo*, con el pedo que llevaban, jalearon en principio con irresponsable buen humor el incidente. Pero tras un rato de pulsar todos los botones, tocar el timbre de alarma, dar voces y hostias en la pared y comprobar que el ataúd no se movía y que nadie les hacía ni puto caso, comenzaron a agobiarse.

El ascensor era tan estrecho que no podían ni sentarse en el suelo. Visto el panorama y con cierta filosofía estoica propia de gentes de vida difícil y azarosa, contemporizaron con el percance y les pareció que lo mejor era proseguir la fiesta por su cuenta y en tan íntimo escenario. Tarde o temprano se darían cuenta de su prolongada ausencia y los rescatarían o el ataúd se acabaría desplomando, lo cual justificaba aún más continuar la jarana. Probablemente el hipotético rescate no se daría hasta bien entrada la mañana, cuando las ratas del piso 10º volvieran a sus respectivas madrigueras o salieran otros vecinos a airear sus resacas.

Así que se felicitaron de que el cuelgue les hubiera pillado por lo menos bien pertrechados, se lo soplaron y se lo fumaron todo, esnifaron las papelinas de seguridad —las que nunca se declaran y se reservan para emergencias—, mearon por el hueco como pudieron y la *Ventosa* encharcando el suelo y no se atrevieron a follar por si las embestidas contra las precarias paredes terminaban por desplomar el artefacto. Eso sí, la *Ventosa* les obsequió con sendas mamadas y ellos le hicieron una paja a dos manos. El *Hombre Lobo* se emocionó y le metió una botella vacía de cerveza por el coño. Podían haberse complicado todavía más las cosas, pero la gruta de la *Ventosa* desafió las leyes de la física, no hizo honor a su apodo y no hubo succión.

Bueno, lo de que la tía les obsequió con un servicio de sexo oral es un decir. A pesar de la esmerada paja y la sesión de consolador San Miguel del *Hombre Lobo*, la puta mezquina se aprovechó de las circunstancias: les cobró el doble de su tarifa habitual amparándose en la coartada de que como estaban muy pasados tardaban demasiado en correrse.

Ya bien avanzada la mañana les despertó —acabaron quedándose dormidos de pie, apoyados el uno contra el otro— el descojono de los colegas, que por fin se dieron cuenta de que estaban atrapados en el puto ascensor. No consiguieron hacer nada. Los bomberos llegaron bastante más tarde. Izaron el ascensor a manivela, muy poco, pero lo suficiente para que se abriera un estrecho hueco entre la pared y la puerta abierta del sexto piso.

Los bomberos les dijeron que salieran por ahí y que se dieran prisa. No se atrevían a mover más el ascensor, amenazaba con caerse de un momento a otro. La puta no se lo pensó dos veces y como era escuchimizada salió como un reptil por el huequecillo. El *Hombre Lobo* era grandote y no le cabía por allí ni la cabezota lupina. Y Paquito estaba francamente acojonado. Él era un desperdicio de maternidad, un enano de cuarenta y cinco kilos de peso; sí podía salir por aquella gatera, pero le horrorizaba la idea de que el ascensor cayera pillándole con medio cuerpo fuera y medio dentro y lo partiera en dos. El ataúd dio un respingo y descendió un palmo. No se lo pensó más. Pero el hueco era aún más estrecho que antes y se quedó atascado. Bomberos y colegas tiraban de Paquito para sacarlo mientras él gemía y lloraba. El *Hombre Lobo* había empezado a comerse una de sus manos del puro pánico.

Con un tirón supremo sacaron a Paquito. Un segundo después el ascensor se desplomó. Paquito me dijo que nunca olvidará el prolongado aullido del *Hombre Lobo*, alejándose hasta que el golpe sordo y profundo lo cortó en seco.

Tras el percance, Paquito se dedicó a darle al frasco más que nunca, dejó la pensión y la cerveza con ginebra y empezó a dormir en el parque de la Ciudadela —no podía soportar un techo sobre su cabeza cuando tenía resaca— y a beber ron Bacardí con Coca-Cola.

Poco después se compró una fusca en el barrio Chino, dio un buen palo en la sucursal de la Caixa de la calle Princesa y huyó al sur. Pasado el tiempo, me contaron que montó un chiringuito de playa, sin techo, en Rota.

Depresiva

Casi toda resaca lo es en mayor o menor grado. El estado depresivo es hijo natural del clavo. Pero tampoco hay que exagerar; el bebedor habitual debe tener capacidad para sobrellevar con filosofía y sin perder demasiado el buen talante el saco de piedras a la espalda y la aguja de plata que le trepana el cráneo.

Frases mentales típicas de una resaca depresiva son:

«Qué va a ser de mí.»

«Necesito cambiar de vida.»

«No merece la pena si, total, encima la fiesta fue una mierda.»

«Qué negro lo veo todo.»

«¿Qué habrán pensado los demás de mí?»

«No quiero ver a nadie en una temporada»…, etc.

Les da mucho la depresiva a las mujeres, que además añaden el factor culpabilidad y con frecuencia la amnesia (ver resaca **amnésica**). En cuanto no recuerdan algo de la noche de jarana piensan automáticamente que han bailado desnudas sobre la barra de un bar.

Todo se agrava si se despiertan acompañadas —aunque en este caso por lo general suelen tener razón en asustarse—, comprueban con horror la identidad de quien ronca al lado y exclaman mentalmente lo de: «¿Con éste? ¡No es posible! Estoy loca... Si nunca me ha gustado... Me emborrachó... Pero seguro que no pasó nada... Serás ingenua; seguro que sí pasó. Claro que sí pasó... Si es un cerdo, naturalmente que se habrá aprovechado... No me acuerdo de nada... Me quiero morir.»

Peor todavía es si el compañero de catre les resulta un desconocido; entonces pensarán que han protagonizado una orgía, un *gang bang* de porno, y que el que tienen al lado es el único que se quedó después dormido.

Escatológica

No en su acepción de ultratumba sino en la excrementicia.

Les acontece a resacosos débiles de estómago y ligeros de vientre que ya suelen inaugurar la jornada de purga con un entrecortado vómito de bilis angustioso por tener el estómago vacío o sorprendente y con más concreto por no haber digerido todavía el pan con mayonesa —en pisos de soltero— o las sobras de la nevera —en viviendas familiares— que se comieron en casa antes del desmayo, hace ya un montón de horas. Y luego, a lo largo del día realizan entre media y una docena de sentadas en el trono, debilitados y agobiados por una severa cagalera.

Así pues, el escatológico se pasa la jornada de resaca entre visita y visita al cuarto de baño. Pero alguno ha llevado esta práctica al maximalismo.

Sólo he conocido en la vida un caso de escatológico radical, el señor Marrón, que solía agarrarlas cuadradas en su casa con coñac Grand Père mientras dirigía en el tocadiscos la *Sinfonía del Nuevo Mundo* de Dvorak y la *Quinta* de Beethoven, exclusivamente.

Al día siguiente sufría resacas de este tipo, en las que parecía un satélite en órbita perpetua alrededor del retrete.

El señor Marrón vio en el cine en 1976 una película española titulada *El anacoreta*, dirigida por Juan Estelrich y con guión del director y de Rafael Azcona. La protagonizaba Fernando Fernán Gómez, cuyo personaje decide convertirse en un trasunto modernizado de Simón el Estilita, cambiando la columna por el cuarto de baño, del que decide no salir en años.

Al señor Marrón le encantó la idea y los días de resaca comenzó a pasarlos íntegramente en el cuarto de baño como si se atrincherara en tan particular búnker para soportar el asedio del clavo. Se llevaba el transistor, el *Marca*, el *ABC* —era facha—, el *Selecciones* del Reader's Digest, un termo con caldito y otro con zumo de naranja y limón, una fiambrera con tortilla francesa, una tajada de pescadilla rebozada y cien gramos de jamón de York, un par de manzanas y poco más. Y allí dejaba transcurrir la jornada entre largos baños con sales y breves pero violentos apretones.

Con los hijos ya emancipados, vivía con su paciente esposa, la señora Gris Ceniza, a la que no dejaba ni asomar el morro por el baño, cuya puerta cerraba con pestillo. La pobre mujer se tenía que ir a hacer sus necesidades a casa de la vecina.

Ya por la noche, el señor Marrón abandonaba su cueva embaldosada y se metía en el sobre. Decía que «tampoco hay que exagerar, que duerma en la bañera su padre».

El señor Marrón murió hace ya unos años. Creo que en el 96 o 97. Estiró la pata durante una resaca, por tanto dentro del cuarto de baño, a solas y encerrado, mientras la señora Gris Ceniza estaba en el bingo.

Su *castillo* y los elementos con que distraer la jornada de clavo fueron su cadalso.

Apareció con medio cuerpo metido en la bañera llena de agua, electrocutado y desangrado. El aparato de radio, enchufado a la red, había caído al agua y además el señor Marrón tenía clavado en el cuello un trozo de hojalata que le seccionó la yugular.

La policía y el forense dedujeron cómo se había producido el accidente.

El señor Marrón estaba entreteniéndose cazando moscas con lanzallamas mientras se llenaba la bañera.

Se encontró en el suelo un moscón achicharrado, que sin duda había entrado por el ventanuco que da al patio, que estaba abierto.

Para la cacería, el señor Marrón se había servido de un gran bote de laca de su mujer con difusor por *spray*.

En el suelo estaba también el mechero Bic que el resacoso escatológico utilizó para dar candela al chorro de laca y producir la llamarada.

El recipiente metálico le estalló entre las manos y un gran fragmento de metralla se le clavó en el cuello. Aturdido por la explosión y la herida avanzó a ciegas, tropezó con el murete de la bañera, cayó dentro y derribó al mismo tiempo la radio, que reposaba sobre la bandeja jabonera y que por la posición del dial emitía en ese momento un partido entre el Athletic de Bilbao y el Betis. El agua no se desbordó porque casualmente en ese momento hubo un corte de suministro en todo el barrio.

Por lo menos, el señor Marrón se ahorró el disgusto de enterarse de que esa tarde los andaluces ganaron por tres goles a cero a su venerado Athletic.

Etílica

Ya anunciada en el **Prólogo**.

Es la única resaca que se destruye antes de dormir por la noche, pero en realidad esto es erróneo, no se elimina ni se vence: se solapa.

La resaca no desaparece al convertirla en un pedo, simplemente se ausenta un rato. Volverá a la mañana siguiente, se ensamblará con la nueva como dos amantes bien ajustados —«ojalá encuentres un coño a tu medida, cabrón», fue la maldición que me echó una gitana en Granada— y se sufrirá una **demoledora.**

Todos hemos cometido el pecado alguna vez.

Empiezas con las «cervecitas de bajamar», no te retiras a casa a tiempo, comienzas a sentirte mejor, te tomas un *gin tonic*, luego otro... Y casi sin darte cuenta ya estás otra vez en el carrito subiendo la pendiente de la montaña rusa sin posibilidad de apearte.

Suicida

En la *Ilíada* hay una espectacular resaca suicida. Uno de los personajes secundarios, Elfenor, compañero de Ulises en el sitio de Troya, se siente tan mal después de una borrachera que el muy exagerado no puede soportarlo, se arroja al vacío —creo recordar que desde un acantilado— y se mata.

Por supuesto, en la resaca que desemboca en suicidio no suele ser la causa de tan drástica solución la intensidad del clavo.

La resaca suicida es una sublimación, una hipérbole de la **depresiva.**

La víctima seguramente ya estaba muy deprimida cuando se emborrachó. La resaca se limita a agudizarle ese estado hasta el punto de tomar la decisión de terminar con su vida.

Conocí un lamentable caso de resacoso suicida.

Se trataba de un tipo joven de talante depresivo, con vocación de poeta y admiración por los vates románticos suicidas. Un revés amoroso terminó de aflojarle las tuercas.

Tras una tremebunda borrachera, se quedó dormido en el coche. Se despertó al amanecer, todavía más hecho polvo por acción de la resaca. Condujo hasta los altos acantilados de Aizkorri, cortados a pico sobre una playa de rocas y desde los que se ha tirado más de uno. Allí, escribió en su libreta un poema de despedida bastante malo en el que culpabilizaba al mundo y sobre todo a su amada de lo que iba a hacer.

Aficionado al cine clásico, una de sus películas de culto era *Cara de ángel*, de Otto Preminger, en la que una enloquecida y malvada Jean Simmons se tira marcha atrás con su descapotable por un acantilado y con Robert Mitchum al lado, que no estaba para nada por la labor.

Fiel a su patrón cinéfilo, el resacoso suicida maniobró para quedar de espaldas al acantilado, metió la marcha atrás y aceleró. Pero inició la fatal carrera bastante lejos del punto de salto, tuvo tiempo de arrepentirse y en el último momento abrió la puerta y se tiró del coche justo antes de que éste se despeñara.

En la playa de roca estaban dos pescadores de caña que combatían el relente del amanecer compartiendo un termo de carajillo. El coche les cayó encima y los mató en el acto.

En el juicio, el peritaje siquiátrico dictaminó que el gilipollas tenía bien sus facultades mentales y lo mandaron a la cárcel.

He oído que últimamente se ha puesto de moda entre algunos chavales descerebrados jugar los fines de semana a ver quién frena el coche más cerca del borde del mismo acantilado.

Insidiosa

Comparte parcialmente naturaleza con la **enajenada-neurótica**, pero presenta suficientes rasgos específicos para merecer una categoría aparte.

Suele aparecer cuando se ha bebido la víspera grandes cantidades de vino o cerveza al mediodía y luego con el estómago vacío, saltándose la comida, se ha pasado directamente a los licores hasta la puesta del sol.

También suele ser pasto de débiles mentales que durante el proceso de trompa han tenido la certeza de haberle caído mal a alguien y esta fruslería les ha hecho mella.

El resacoso insidioso linda con la paranoia y padece una cierta manía persecutoria. No llega a creer que se tejen complots contra él, pero sí que la maledicencia crece a su alrededor. Y como el neurótico, ve problemas en donde en realidad no los hay y hace de un grano de arena una montaña.

El estado del resacoso insidioso se puede sintetizar en una sola palabra: susceptibilidad.

El insidioso cree que todos hablan mal de él a sus espaldas y que todo lo que le dicen va con segundas y mala fe. Ante esta percepción de insidia general contra él, reacciona con la guardia en alto y contestando a la insidia imaginaria con insidia real. Total, que a este tipo de resacoso le suele costar cada síndrome el que alguien deje de dirigirle la palabra.

Si no se le ha podido evitar y no ha dado tiempo a huir, en presencia de un resacoso de este tipo es aconsejable no mirar el reloj, abstenerse de cualquier opinión, valoración o interpretación de hechos o conductas propios o ajenos, carecer de ideas políticas y no mirarle a los ojos más de dos segundos seguidos.

Conocí un caso puro de resacoso insidioso en mis años de estudiante de Derecho en la Universidad de Deusto. Era un cura, el padre Gris Marengo, un jesuita que además de teólogo era doctor en Ciencias Políticas y nos daba clase de Derecho Político en primero.

El padre Gris Marengo era devoto del Remy Martin y del café torero. Llegaba a clase por la mañana con unas resacas de reglamento. Como buen jesuita, era insidioso por naturaleza y además le iba el mambo: buscaba la cancha. Suscitaba el que los alumnos le hiciésemos preguntas sobre la convulsa situación política que vivía España en general y el País Vasco en particular.

Transcurría 1977 y estábamos en plena transición del franquismo. El jesuita era nacionalista y de derechas, valga el pleonasmo, y se tomaba cada pregunta como una afrenta personal. Veía comunistas, ácratas y antinacionalistas por todas partes. Frecuentemente, y muy mosqueado, abandonaba la clase «saturado y asqueado de llenarme los oídos con tanta idea barata y disolvente», decía. En realidad, no dejaba de ser una disculpa para escaquearse y poder ir al bar cuanto antes.

Otro caso de resacoso insidioso es mi ex amigo el señor Azul Bilbao, inexplicable relaciones públicas de un lujoso hotel de la villa, que cuando se mete una fila de *negronis* —vermut rojo, Campari y ginebra— por la mañana, establece como único peaje alimenticio al mediodía una bolsita de patatas fritas y un puñado de aceitunas antes de inaugurar la tarde con el primer *gin tonic*.

Un diálogo con el señor Azul Bilbao cuando tiene resaca puede ser así:

—Hola, chaval. Tiempo sin verte.

—Será porque tú no has querido, yo me muevo por los mismos bares de siempre y trabajo en el mismo hotel.

—No, hombre. Simplemente, no hemos coincidido.

—¿Coincidir en qué?

—Pues en la calle, en los bares…

—Porque lo que es en política tú y yo siempre hemos cojeado de pie distinto.

—Bonita corbata.

—¿Por qué? ¿Qué le pasa? Tú vas hecho un zarrapastroso y no te digo nada.

—Bueno, encantado de haberte visto. Tengo un poco de prisa.

—Qué mal has mentido siempre.

—Y saludos a Beige.

—¿Qué tienes tú que ver con mi mujer?

Un resacoso insidioso con poder sería capaz de provocar la Tercera Guerra Mundial.

Winston Churchill, gran bebedor de *dry martini* ultraseco —decía que bastaba con que un rayo de sol atravesara la botella de vermut e incidiera sobre el vaso mezclador—, reunía ambas condiciones.

En la conferencia de Yalta, al terminar la Segunda Guerra Mundial, cuando los victoriosos aliados se repartieron el mundo, Franklin Delano Rooselvelt, que no bebía más que jarabe de arce, tuvo que poner paños calientes y mediar en más de una ocasión en las enconadas disputas por un quítame allá estas pajas de los Balcanes entre Stalin, gran abrevador de vodka y resacoso del tipo **enajenado-neurótico** con tendencia a la paranoia, y el insidioso *sir* Winston.

Jocosa

Una categoría excepcional en el malhumorado mundo de las resacas.

El resacoso jocoso sale a la calle con un enfebrecido buen humor, toma un poco de alcohol y se le dispara la vis cómica. Como además se considera un tipo gracioso, atosiga a todo el que se encuentra con ristras de chistes y comentarios sarcásticos que suelen ser hirientes.

Comprobé una vez de primera mano adónde pueden llevarle las *gracias* a un resacoso jocoso.

Fue en Madrid, durante el cóctel de presentación de un nuevo programa en una cadena de televisión.

Me presentaron al tipo, un periodista de la cadena, el señor Gris Plomo, uno de esos elementos que hacen justicia a la frase de Quevedo: «Son tontos todos lo que lo parecen y la mitad de los que no lo parecen.» Gris Plomo era de los pertenecientes a la primera parte de la frase, se le notaba a la legua que era más tonto que remar en una palangana.

De entrada, el señor Gris Plomo nos confesó a los que estábamos en su mismo círculo de conversación que tenía un «resacón de muerte». Luego, mientras soplaba uno detrás de otro unos muy poco recomendables cócteles de champán, nos endilgó una retahíla de chistes que daban ganas de pedir la reforma de la Constitución respecto a la abolición de la pena de muerte.

Se acercó a nosotros la señora Azul Cobalto, la abstemia jefa de Informativos, una mujer fea y diminuta, casi una enana, con tanto poder como ausencia de sentido del humor.

El señor Gris Plomo, que encima era muy alto,

se carcajeó primero él mismo por lo que iba a soltar, le puso la copa a su jefa sobre la cabeza y le dijo:

«No me había dado cuenta hasta ahora de tus múltiples aplicaciones, jefa. Mientras se la chupas a uno se te puede dejar el *gin tonic* encima.»

La poderosa enana le miró con frialdad de jugadora de póquer y esbozó una sonrisa que me recordó a la de Lee van Cleef antes de sacar el revólver. Le cogió cariñosamente por el brazo y nos dijo a los demás.

«Qué salado es este hombre. Gente con gracia es lo que nos hacía falta, lo digo siempre.»

Mientras los demás huíamos aterrados, el tonto volvió a carcajearse muy satisfecho de sí mismo y repitió un amago de volver a colocarle a la señora Azul Cobalto la copa en el coco.

Supe que lo despidieron ese mismo día.

Torpe

O autodestructiva.

Fácil de definir. El que la padece lo tira todo; se llena de lamparones la ropa cuando come; se corta con el cuchillo si cocina; si se ducha inundará el baño y se romperá la crisma en la bañera; es muy probable que se caiga por las escaleras; que provoque un cortocircuito con el microondas y se atragante con un hueso.

Es recomendable que no se acerque a las ventanas abiertas, no fume y no salga de casa.

Hay un hilarante texto de mano anónima que circula como veraz por Internet. Tiene demasiada gracia para ser un caso real y, además, en la película *Babe 2, el cerdito en la ciudad* sucede visualmente algo muy parecido a lo que aquí se narra. Probablemente sea un chiste clásico, intuyo que de origen anglosajón.

La introducción del texto —me lo mandó algún amigo por correo electrónico— aclaraba que se trata de la explicación que da un albañil gallego a su compañía de seguros, la cual no comprende, por la variedad y naturaleza de las lesiones que ha sufrido, cómo pudo suceder el accidente del parte. Añade, como ya he dicho, que es un relato verídico cuya transcripción fue obtenida de una copia de archivo de la aseguradora y que llegó a ser juzgado por el Tribunal de Primera Instancia de Pontevedra.

El relato no dice que el albañil tuviera resaca cuando sucedieron los hechos, pero yo creo que sí, apostaría a que sí: una torpe de las de primera.

> «Excelentísimos señores:
>
> En respuesta a su pedido de informaciones adicionales declaro: en el ítem nº 1 sobre mi participación en los acontecimientos, mencioné: *tratando de ejecutar la tarea y sin ayuda*, como la causa de mi accidente. Me piden en su carta que dé una aclaración más detallada, por lo que espero que lo que sigue aclare de una vez por todas sus dudas.

Soy albañil desde hace diez años. El día del accidente estaba trabajando sin ayuda, colocando los ladrillos en una pared del sexto piso del edificio en construcción en esa ciudad. Finalizadas mis tareas, verifiqué que habían sobrado aproximadamente doscientos cincuenta kilos de ladrillo. En vez de cargarlos hasta la planta baja a mano, decidí colocarlos en un barril y bajarlos con ayuda de una roldana que felizmente se hallaba fijada en una viga en el techo del sexto piso.

Bajé hasta la planta baja, até el barril con una soga y, con la ayuda de la roldana, lo levanté hasta el sexto piso, atando el extremo de la soga en una columna de la planta baja. Luego subí y cargué los ladrillos en el barril. Volví a la planta baja, desaté la soga y la agarré con fuerza de modo que los doscientos cincuenta kilos de ladrillos bajasen suavemente (debo indicar que en ítem 1 de mi declaración a la policía he indicado que mi peso corporal es de ochenta kilos). Sorpresivamente, mis pies se separaron del suelo y comencé a ascender rápidamente arrastrado por la soga. Debido al susto, perdí mi presencia de espíritu e irreflexivamente me aferré aún más a la soga mientras ascendía a gran velocidad. En las proximidades del tercer piso me encontré con el barril que bajaba a una velocidad aproximadamente similar a la de mi subida y me fue imposible evitar el choque. Creo que allí se produjo la fractura de cráneo.

Continué subiendo hasta que mis dedos se engancharon dentro de la roldana, lo que provocó la detención de mi subida y también las quebraduras múltiples de los dedos y de la muñeca. A esa altura [de los acontecimientos], ya había recuperado mi presencia de espíritu, y pese a los dolores continué aferrado a la cuerda. Fue en ese instante que el barril chocó contra el piso, su fondo se partió y todos los ladrillos se desparramaron.

Sin ladrillos, el barril pesaba aproximadamente veinticinco kilos. Debido a un principio simplísimo, comencé a descender rápidamente hacia la planta baja. Aproximadamente al pasar por el tercer piso me encontré con el barril vacío que subía. En el choque que sobrevino estoy casi seguro se produjeron las fracturas de tobillos y de la nariz. Este choque, felizmente, disminuyó la velocidad de mi caída, de manera que cuando aterricé sobre la montaña de ladrillos sólo me quebré tres vértebras.

Lamento sin embargo informar que, cuando me encontraba caído encima de los ladrillos, con dolores insoportables, sin poder moverme y viendo encima de mí el barril, perdí nuevamente mi presencia de espíritu y solté la soga. Debido a que el barril pesaba más que la cuerda, descendió rápidamente y cayó sobre mis piernas, quebrándome las dos tibias.

Esperando haber aclarado definitivamente las causas y desarrollo de los acontecimientos, me despido atentamente.

Será justicia.»

Pendenciera

Te levantas con unas ganas de buscar camorra que no son normales.

Te apetece buscarle las cosquillas a cualquiera y partirle la boca, o más probablemente, que te la partan a ti.

Tiene por tanto naturaleza masoquista y autodestructiva.

No se da sólo entre gente broncas, puede aflorar en tipos de natural más bien pacífico que con resaca son dominados por *mister* Hyde.

En la novela de Arturo Conde *La vida no tiene música*, publicada en 1954 y que fue finalista del premio Nadal, hay un personaje que sufre resacas pendencieras.

Conde escribe con un estilo parco y austero, muy acorde con la lúgubre y enfermiza sociedad del franquismo que retrata.

«Olegario Pérez Andrade era un hombrecillo apocado y de pocas palabras. Cumplidos los cincuenta años se mantenía soltero y vivía con su madre y una tía. Trabajaba en un departamento del Ministerio de Obras Públicas, en el que después de tres décadas de servicio no había llegado más que a segundo jefe de negociado. Su vida transcurría entre el ministerio y la casa familiar. No tenía amigos y apenas alternaba. Su única distracción era ir a ver por las tardes los programas dobles del cine Carretas, donde además resolvía sus sucintas necesidades sexuales con la cooperación de alguna de las pajilleras que frecuentan el popular local.

Pero de vez en cuando, quizá consciente de que vida tan gris necesitaba alguna válvula de escape, Olegario se emborrachaba en solitario por las tabernas de la Plaza Mayor y calles adyacentes. Cuando ya daba traspiés, cogía un taxi para que le llevara a casa a dormirla. Como buen burócrata, previsoramente guardaba en el bolsillo un papelito con la dirección apuntada y así no tenía que pasar el bochorno de balbucearle al taxista.

Al día siguiente de estas tristes juergas, que siempre eran en sábado, Olegario se levantaba tarde y con resaca. Tras desayunar e ir a misa con su madre y con su tía, el funcionario las dejaba y se dirigía a Cascorro, al Rastro.

Y en el Rastro Olegario Pérez Andrade se transformaba en otra persona, la resaca le ponía pendenciero. Entraba a alguna tasca, pedía una caña y comenzaba a quejarse de que la cerveza no tenía presión o que la tapa era una mierda y el tasquero un sinvergüenza por atreverse a servirla. Si allí no conseguía que le dieran dos guantazos y se limitaban a echarle —recordemos que era un tipo enclenque—, se dirigía después a algún puesto callejero regentado por gitanos o mercheros de aspecto carcelario, donde robaba torpemente algo con intención de que le pillaran y le sacudieran, cosa que conseguía sin mayores esfuerzos. No es que se dejara pegar sin intentar defenderse, de hecho se ponía en guardia con una pose cómica, pero como era tan poca cosa recibía siempre y él no solía dar ni una.

Un par de lunes al mes aparecía por el ministerio con el labio roto o un ojo morado.»

Sensiblera

Hay mucha gente a quien la resaca le pone cursi, sensiblero y con el moco fácil.

Reconozco que yo soy uno de ellos. Si veo con resaca a un perro abandonado por la calle se me amarga todavía más la mañana.

Además fomento el llanto con premeditación y alevosía: me pongo en el vídeo cosas que sé que me hacen llorar.

Una buena llorera que no sea causada por un disgusto es relajante y atenúa por tanto la resaca.

Consigo un derramamiento de lágrimas seguro con cualquier documental sobre la guerra civil en el que salga lo de los niños despidiéndose de sus padres en el puerto de Bilbao antes de subir a los barcos que les llevarán a Rusia; con el shakespeariano final de *Robin y Marian* de Richard Lester, cuando Robin Hood —Sean Connery—, agonizante y envenenado por su amada Marian —Audrey Hepburn—, que a su vez se ha envenenado también para morir con él, pide a Little John su arco y que les entierre juntos donde caiga la flecha que lanza por la ventana; con el final de *Espartaco* de Kubrick, cuando Varinia —Jean Simmons— muestra a Espartaco —Kirk Douglas— crucificado a su hijo y le dice que ha nacido libre; con el monólogo final de *Dublineses* o con *Lo que el viento se llevó* cuando Vivien Leigh, en las tierras rojas de Tara, pone a Dios por testigo de que no volverá a pasar hambre...

Recuerdo que mi buen amigo Txema Soria y yo fuimos a ver con resaca al cine Capitol *La buena estrella*, la obra maestra de Ricardo Franco. Nos pusimos a llorar como magdalenas, como auténticas plañideras, tanto, que al terminar la película decidimos salir los últimos para que la gente no notara todo el moco que habíamos soltado. Pero cuando se encendieron las luces nos dimos cuenta de que todo el mundo estaba como nosotros y que no hacía falta disimular.

Contemplativa

La resaca siempre invita a la contemplación, a permanecer alobado mirando cualquier cosa. La ralentización mental y el alelamiento favorecen el quedarse colgado.

Con resaca es muy agradable, por ejemplo, contemplar el mar, las nubes —aunque a mí, si la resaca es fuerte, me dan un poco de vértigo—, las hojas de un árbol con la luz del sol detrás, el fuego de una chimenea o un desfile de lencería.

Sin embargo, como en todo, hay gente exagerada.

Conocí en Sevilla a un fotógrafo de prensa, el señor Azul Añil, al que le gustaba comprarse en una tienda de pescado frito un cucurucho de cazón en adobo y comérselo por la calle Sierpes sin perdonar un solo bar, y hay un buen puñado. En cada uno se tomaba un fino o una manzanilla y en algunos dos.

Al día siguiente amanecía con una buena resaca, no hacía nada de nada y le daba contemplativa. Pero francamente, lo que le entretenía contemplar es asombroso. Casi hubiera sido más normal que mirara una pared blanca o un chorizo colgado.

El señor Azul Añil se pasaba seis u ocho horas frente a la pantalla del televisor según escogiera una u otra película de Andy Warhol. Unos días se ponía *Sleep*, de 1963, un plano fijo de un hombre dormido que dura seis horas, y otros *Empire*, de 1965, un plano general y también fijo del Empire State Building que dura un poco más que la otra, ocho horas.

Después descubrió *El sol del membrillo*, de Víctor Erice, y se la ponía para hacer boca antes del programa estelar.

Le recomendé *Stalker* de Tarkovski, *Sweet Movie* de Makavejev y *Dulces cazadores* de Ruy Guerra.

Inflamable

Aunque con reticencias y escepticismo, la incluyo en la lista. Hay que mantener amplitud de miras.

La combustión espontánea es un curioso fenómeno de causa inexplicable. Está poco documentado y no se conocen más que unos cuantos casos, todos ellos de estos últimos siglos y rodeados de imprecisiones y detalles contradictorios.

La ciencia sencillamente la considera una superchería y niega su existencia. Es defendida por ufólogos, paracientíficos y estudiosos de fenómenos paranormales, es decir, toda esa patulea de charlatanes e iluminados que se han tirado por ese camino fantástico como alternativa a ese otro camino fantástico que es la religión.

La combustión espontánea consiste ni más ni menos que en la rápida e intensa elevación del calor corporal de una persona, sin razón aparente, hasta llegar a arder a una altísima temperatura y consumirse por completo en pocos minutos.

La combustión es interna, sin llamas, y se dice que no quedan más que restos del esqueleto. Para que esto sea posible y en escaso tiempo, la temperatura alcanzada debería superar los mil grados centígrados.

La comunidad fantacientífica o paracientífica reconoce unánimemente tan sólo cuatro casos, acaecidos en los siglos XIX y XX.

Se mantienen diversas hipótesis para explicar tan extraño fenómeno. Unos dicen que es cosa del hipotálamo y de las órdenes que da al sistema nervioso; otros que se debe a una anormal concentración de gas metano en el interior del cuerpo o a un desequilibrio de fosfatos, actuando éstos como combustibles, y el comburente se desencadenaría por variaciones del campo geomagnético de la tierra producidas por las manchas solares. En fin.

Lo que me ha resultado curioso al leer acerca de los cuatro casos aceptados es que no se haya dado especial relevancia a que dos de los ardientes hubieran ingerido la víspera de su combustión notables cantidades de bebidas espirituosas, es decir, tenían resaca a la hora de quemarse. El tercero era una mujer y no había soplado la noche anterior, pero era una alcohólica que llevaba solamente un año en el secadero. Y el cuarto es el caso más antiguo y no se sabe si empinaba el codo, ni siquiera si había comido mejillones con patatas fritas; era un belga que apareció dentro de su casa convertido en cenizas en 1877.

Así pues, si aceptamos la existencia de la combustión espontánea, ¿podemos establecer la hipótesis de que su causa es psicosomática? O dicho de otro modo, ¿la combustión espontánea se debe a un efecto extremo de la resaca y es por tanto una forma de resaca? —la más espectacular, desde luego—. ¿Por qué no? Al fin y al cabo, no olvidemos que una de las características del mal objeto de este desenfadado tratado es su halo de misterio, de sorpresa e imprevisibilidad.

No todo se sabe sobre la resaca.

Y no me negarán la dimensión poética que tiene la combustión espontánea como forma extrema de resaca. ¿No dijimos ya que en Cuba tener resaca es *amanecer en llama*? ¿Qué más colmo de resaca puede haber que freírse uno a sí mismo con su propio jugo como si lo hubieran sentado en la silla eléctrica?

La inflamable, naturalmente, forma parte de la resaca **mortal**, que colocaré, con cierta lógica, al final del listado. La he tratado aparte por sus espectaculares características y discutible aceptación.

Mística

Sólo para creyentes.

Aseguras que te habla Dios.

En los casos de meapilas muy lerdos juran que se les aparece la Virgen o algún santo.

Casi puede considerarse un subgénero dentro de la **enajenada-sicótica.**

Es un tipo de resaca que ha malogrado más de una existencia, ya que la víctima, después de sufrirla, ha abrazado la vida religiosa y se ha convertido en un comehostias profesional.

Desde luego es poco frecuente o al menos hay pocos casos consignados. Se ha dado después de ingestas enólicas colosales, de las que rondan el coma etílico.

Como ya he anotado, el sujeto paciente de una resaca mística ha de cumplir la premisa de creer en la existencia de Dios, o sea, tener esa cosa tan extraña, gratuita e irracional que se llama fe; pero no necesariamente en un grado superlativo.

El damnificado es creyente, mas puede no ser un beato —en principio no suelen abundar los bebedores entre esa peculiar tropa, aunque muchas veces las apariencias engañan, recordemos a Clemente Torras, el numerario del Opus—, incluso es posible que su forma de vida le sitúe en el extremo opuesto.

Dos ejemplos.

En un artículo escrito por el gran Jack London[3] —otro buen amigo de la botella— para el *New York Herald* y publicado el 19 de diciembre de 1913, el escritor y aventurero refería el caso de Malachi Mullingar, un marinero irlandés al que conoció en la isla de Hawai.

Cuenta London que el tal Malachi era un formidable bebedor de ron. Una noche se trasegó él solo cuatro botellas y perdió el conocimiento. Despertó al cabo de dos días con rostro alucinado. Aseguró que veía a san Patri-

[3] Es muy recomendable leer *John Barleycorn*, sus memorias alcohólicas.

cio, el patrono de Irlanda, y mantuvo con él una larga e inconexa conversación que parecía de índole sexual. Disipada la alucinación, dijo que el santo le había ordenado cambiar de vida, dejar de beber, hacerse fraile e ir a Molokai a cuidar leprosos. Malachi juró por la memoria de su santa madre que cumpliría los mandatos de san Patricio al pie de la letra, pero no tuvo oportunidad.

Como despedida de su larga condición de bebedor y como puente de tránsito al dique seco de la nueva vida talar, Malachi decidió obsequiarse con una botellita de ron de despedida, tan sólo una. Pero su organismo traqueteado por la inmensa libación de la víspera saltó por los aires con el nuevo alcohol. El pío marinero, totalmente beodo, comenzó a desvariar de nuevo. London consiguió entenderle entre balbuceos que creía encontrarse en su barco y se sentía revivir una espantosa tormenta en el mar del Japón. Malachi se bamboleaba y trastabillaba sin rumbo, como un navío sin timón, con tan mala fortuna que tropezó y cayó sobre la mesa que ocupaba otro resacoso, un inmenso arponero letón cuyo nombre no consta.

El resacoso letón distraía su mal con una pinta de cerveza y una partida de damas que jugaba con el chino que se ocupaba de la limpieza del burdel vecino. Malachi tumbó la mesa patas arriba y volaron tablero, fichas, cerveza y el chino por simpatía. El arponero debía de sufrir una resaca *ira teneatis*, ya que bramó furibundo, levantó a Malachi en volandas, lo descargó contra la barra y sin que nadie pudiera evitarlo, en el momento en que el visionario irlandés decía aterrado que la gran ola venía a por él, lo clavó a la madera con el arpón ballenero, del que no se separaba nunca, como un entomólogo a un insecto.

La Iglesia perdió una vocación tardía, Malachi nunca llegó a pisar Molokai y al arponero lo ahorcaron en Honolulu.

Otro caso de resaca mística aparece en *Hurgamanderas, tafures y gariteros*, un libro de género entre costumbrista y picaresco escrito en pleno Siglo de Oro, durante el reinado de Felipe III, por un madrileño, el bachiller Justo Orbaneja, que fue pasante de escribano, jugador profesional, amigo y compañero de timba de Góngora y Quevedo y enemigo de Lope de Vega —que por cierto se parecía mucho al actor Cristopher Lee, según se aprecia en el retrato que hay en su casa museo—, peligroso familiar de la Inquisición.

Precisamente, Orbaneja refiere en su obra, que abunda en el apunte soez y escatológico y es de sintaxis farragosa, el extraño delirio de doña Bárbara Betanzos, una hermosa cortesana o tusona gallega que fue una de las innumerables amantes de Lope de Vega. Desdeñada por el famoso dramaturgo, se dio a la bebida y descendió de escalafón hasta convertirse en colipoterra, de lo más bajo entre las trotonas.

He aquí dos fragmentos del pasaje en cuestión:

> «Metióse entre los todavía turgentes pechos escapados del corpiño y la ya arqueada espalda la

cosecha toda de vinazo de Yepes, ques recio y pastoso y de mucho emborrachar. Nunca vile vaciar tanto vaso y hasta mamó del pellejo cuando ya no atinó a sostener el cuenco, pasando a posición de cuatro patas, momento que aprovechó presto el buhonero Contreras para sacarse la hombría del calzón, quera de un tamaño de respeto y más propia de acémila que de cristiano, levantar las enaguas de la rabiza para poder bien gozalla y visitóla por la puerta de adetrás, cosa que fizo resollando a la manera de los perros pachones y sin consideración alguna a la compaña, pues entre hurgón[4] y hurgón aliviose con un sonoro cuesco que parecióme trueno y que talmente jedió como a la sin duda le jiede al diablo debajo del rabo. [...]

Mucho después de que hubiera cantado el gallo volvió al ser la coitada Bárbara y ya nunca fue la mesma. En cueros vivos, tal y como quedóse para la dormida, que fue en el suelo de la taberna, y durante la que solazóse con ella a su albedrío maese Lucas el amortajador, que gusta de expansionarse con defuntas y dixo questa le daba más gustos por conservar más calores que sus trajinadas de oficio, salió de la taberna a la calle, quera la de Cantarranas, llena de personal

---

[4] Estocada.

a esas horas de laborar, y entre mofas y befas de ganapanes y cantamañanas arrobóse en el mirar de la entrada de la carnecería de los hermanos Zurraspa, ques casquería de poca confianza, como quien ve cosa maravillosa o fenómeno de prodigio.

Puso después los ojos bizcos, rióse y plañió como si el seso se le hubiera marchado y se tiró de las orejas de un modo tal que a punto estuvo de desmirlarse. Antojóseme que de lo que dixo y fizo a continuación algo de coincidir habría con sus días de atacandiles[5], si a vuesas mercedes les place aquesta sencilla reflexión, pues juró por el Santo Niño de la Bola que veía talmente a Santa Águeda mártir, que llevaba las tetas en una bandeja de plata como si fueran merenguillos, y que le decía cosas de mucho fuste queran para sus oídos solos.

Aluego entró presta a la casquería, quitóle el cuchillo de destazar a Cosme Zurraspa, ques todavía menos de luces que su hermano Ponciano, clamó a la gloria de Cristo Rey y clavóse en las tetas suyas propias el cuchillón y se fizo grandes estragos en las tan delicadas carnes.»

Orbaneja añade más adelante que la enloquecida Bárbara Betanzos sobrevivió a la autolesión, ingresó en

---

[5] Manceba de cura.

un convento de las Adoradoras de la Enorme Gracia de Cristo, instituto religioso que hoy ya no existe, y vivió felizmente amontonada con la madre Consolación de la Llaga Profunda, la superiora de la orden.

Ninguna es buena, desde luego, pero mala resaca la mística, parece de las peores. Doy gracias al caos por ser ateo como un perro y estar por consiguiente exento de ella.

Aunque he de reconocer que en cierta ocasión, a pesar de mi escepticismo, creí padecer una espectacular alucinación mística.

Fue en 1979, durante mi época de estudiante de Derecho. Había ido a pasar el fin de semana a Reinosa en compañía de un amigo de clase, el cántabro Encarnado. Íbamos a hospedarnos en el caserón de unos tíos suyos, que estaba vacío porque pasaban el invierno en Benidorm.

Nada más llegar, sin molestarnos siquiera en sacar las bolsas de viaje del maletero del coche, nos fuimos a hacer la ronda completa por los *pubs* y discotecas de Reinosa, que eran numerosos. Nos pusimos azules a copas y agarramos el gran pedo. No recuerdo ni cuándo ni cómo volvimos a la casa. Me desperté sin saber dónde estaba. Poco a poco el cerebro recuperó el funcionamiento y recordé que estaba en Reinosa y en casa de los tíos de Encarnado.

El clavo de bronce de san Bernardo de Alzira me atravesaba la cabeza desde la frente hasta la nuca y en vez de ojos sentía dos castañas pilongas. Atiné con el interruptor de la lámpara de la mesilla. Estaba en un dormitorio austero pero acogedor y me había dormido o desmayado vestido, sin haberme quitado ni los zapatos. Tenía unas ganas de mear horrorosas. Me levanté como un zombi, atiné a mover el pesado picaporte de hierro de la puerta de recia madera y salí del cuarto. Me encontré al final, o al comienzo, quién sabe, de un largo pasillo con varias puertas iguales a la mía, iluminado tenuemente por dos apliques que mi compinche de cogorza habría dejado encendidos. ¿Qué puerta podía ser la del cuarto de baño? Probé con la primera y entré en tromba por la urgencia, sin cerciorarme si había acertado o no.

Aquel sitio estaba en tinieblas y olía raro, como a rancio. No me dio tiempo ni a asimilarlo. Hízose de repente una luz cegadora, sonaron voces celestiales y trompetas del juicio final y me encontré delante de Cristo gigante vestido con una túnica morada, con la corona de espinas, el rostro ensangrentado y los brazos abiertos para darme un abrazo de oso. Grité de pavor, comprobé que no padecía ninguna dolencia cardiaca pues si no hubiera caído fulminado, salí de allí, me golpeé con los apliques del pasillo en mi huida y rodé por las escaleras hasta la planta baja de la casa.

El cuarto de socorro de Reinosa era eficiente.

Los tíos de Encarnado eran muy devotos y aquélla era su demencial capilla particular. Naturalmente, no vi los dos reclinatorios.

Cuando alguien entraba a aquella sucursal del horror lo detectaba una célula fotoeléctrica que encendía las luces —un montón de lámparas que simulaban cirios— y hacía sonar a todo trapo *El Mesías* de Händel. El Cristo en actitud de plantígrado al ataque era una talla de dos metros de altura con pelo natural, auténtica corona de espinas, auténtica sangre coagulada y barnizada y vestido con la túnica de no sé qué cofradía de los cojones.

A partir de aquel día abro las puertas que conducen a lugares desconocidos con suma cautela.

Mortal

Te mueres.

La causa suele ser un fallo cardiaco o un derrame cerebral porque la resaca aumenta la presión sanguínea.

Releer en **Consideraciones generales** el subapartado de **Consejos básicos**.

Sin más comentarios.

Amnésica

Casi se me olvida incluirla.

Al igual que la **mística** es rara por lo poco habitual y se da tras titánicas borracheras.

Lo más frecuente es que no te acuerdes de lo que has hecho mientras estabas curda, no que al día siguiente pierdas la memoria. Pero hay casos.

La amnesia puede ser parcial o total, perenne o temporal.

Supe de un caso de amnesia parcial perenne. Le sucedió a un funcionario, el señor Violeta, profesor de instituto de Bilbao al que le había costado muchos años aprender euskera y sacar el título de cualificación, requisito ineludible si quería seguir dando clases en los centros de enseñanza pública de la comunidad autónoma vasca.

Al final de unas vacaciones en Andalucía, el bueno del señor Violeta se agarró un ingente pedo de manzanilla La Guita en las tascas del barrio de Santa Cruz de Sevilla.

Al día siguiente, que tenía que regresar a Bilbao, se despertó con una tremenda resaca. Tras superar el agónico trance de volar en plena línea de sombra, anteriormente valorado, llegó hecho polvo a casa. Se tiró en el sofá, encendió la televisión y se puso a hacer *zapping* por los distintos canales. Y al demorarse en ETB-1, el canal en euskera, se dio cuenta de que no entendía ni palabra, como si nunca en su vida hubiese oído la antigua e intrincada lengua. Hizo un esfuerzo mental, intentó pensar y decir algo en euskera y no consiguió soltar ni un balbuceo.

Su caso fue estudiado médicamente y no se halló explicación ni se encontró lesión cerebral alguna.

El señor Violeta nunca volvió a recordar el idioma que estudió con tanto trabajo, tuvo que dedicar más años a volver a aprenderlo desde cero, se hizo un abstemio radical y dejó de votar a los nacionalistas.

Sufre otra amnesia parcial perenne Antonio Resines en la película de cine negro *X*, de 2000, la muy apreciable *opera prima* como director de mi amigo el guionista Luis Marías.

Resines encarna a un policía que se despierta en una cama desconocida y al lado de una mujer desconocida durante una ola de calor en Madrid. Tiene una tremenda resaca, agudizada por el sofocante calor, y no sabe cómo ha llegado allí. Además, numerosos indicios le indican que esa noche ha podido matar a un hombre con unas tijeras y no lo recuerda en absoluto.

Un jocoso ejemplo de resaca amnésica parcial temporal se encuentra en la estupenda comedia negra *Brutti, sporchi e cattivi*, o sea, *Brutos, sucios y malos*, una película dirigida por Ettore Scola en 1976, que trata de una familia numerosa y miserable que malvive en un barrio de chabolas de los extrarradios de Roma, eso sí, con vistas al Vaticano.

Nino Manfredi, el patriarca del andrajoso clan, es ruin y borrachuzo. Tiene dinero en efectivo, pero no lo comparte con su familia, lo lleva siempre encima o lo tiene escondido.

Una mañana que Manfredi se levanta con la consabida resaca, no encuentra su tesoro en el escondite habitual. Convencido de que los suyos le han robado mientras dormía, monta un espectacular cristo y llega a pegar un tiro en un hombro a uno de sus hijos. Tras la catarsis, recupera la memoria y recuerda que la noche anterior había escondido el dinero en otro lugar.

La familia se juramenta contra él y decide envenenarle con matarratas el plato de macarrones.

Manfredi salva la vida haciéndose él mismo un lavado de estómago con la bomba de la bicicleta.

Se atisba un más que posible caso de resaca amnésica parcial, no se sabe si perenne por el luctuoso desenlace, en el libro *Yo asesiné para la CIA*, las confesiones de Klaus Bunsen, un berlinés que hizo trabajos sucios para la agencia de inteligencia norteamericana a un lado y otro del Telón de Acero durante la guerra fría.

Cuenta Bunsen que en 1962, poco antes de la crisis de los misiles soviéticos en Cuba, consiguió establecer contacto en el Berlín oriental con Hans Schneider, respecto al que había fundados indicios de que trabajaba para el KGB y conocía la identidad de varios agentes infiltrados que operaban en Alemania occidental.

El hombre de la CIA se ganó la confianza de Schneider. Una noche de juerga en el Berlín oriental, el agente del KGB cogió una tremenda borrachera con vodka y cerveza. Bunsen lo secuestró y burló el control de policía de la puerta de Brandenburgo pasándolo metido en el doble fondo de una furgoneta.

Ya en su terreno, comenzó a interrogar a Schneider. Como no cooperaba, Klaus Bunsen lo torturó a conciencia. Schneider reconoció que sí sabía la identidad de dos agentes del KGB infiltrados, pero que por increíble que le pareciera a su captor y torturador, los había olvidado después de la borrachera y no conseguía recordarlos por más que lo intentara. Naturalmente, Bunsen no le creyó una palabra y apretó más las clavijas, hasta que se le fue la mano y lo mató sin poder sacarle nada.

Y finalmente hay un buen ejemplo del comportamiento de un resacoso amnésico total en *The Silver Fox*, *El zorro plateado*, la divertida obra teatral del galés Alistair Rathcliffe, que fue un famoso comediógrafo de la época victoriana —el éxito de sus comedias de enredo fue comparable al de las obras de Oscar Wilde— y gran amigo de Charles Dickens.

El protagonista, el atrabiliario *lord* Grillroom, se percata durante una fiesta de que su esposa, la bella *lady* Margaret —papel que interpretó en España la gran María Guerrero—, es la amante de su primo segundo, el apuesto mayor Peephole. Grillroom no dice nada, pero se pasa el resto de la fiesta, que tiene lugar en su propia mansión, agarrándose un pedo modélico. Al día siguiente se despierta hecho polvo y no sabe ni quién es.

El fragmento que incluyo a continuación pertenece a la escena tercera del acto segundo, se desarrolla en las habitaciones del amnésico e intervienen *lady* Margaret, el chusco doctor Powder y Needless, el mayordomo, que está al cabo de la calle de los líos de su señora y se las sabe todas.

La traducción no es gran cosa.

«Lord Grillroom mira a todos desde el lecho con expresión de desconcierto. Está incorporado sobre un montón de almohadas y tiene una bolsa con hielo sobre la cabeza.

DR. POWDER: ¿Sabe alguno de ustedes lo que bebió anoche milord?

LADY MARGARET: No sabría precisarlo, doctor. Aunque ciertamente debió de ser algo notable. Al final de la velada se sintió bastante indispuesto.

NEEDLESS: Con su permiso, milady.

LADY MARGARET: Diga, diga, Needless.

NEEDLESS: Milord consumió seis copas de champagne, media botella de brandy, tres pintas de cerveza tostada, una cantidad indeterminada de whisky y unos sorbos de la frasca de ginebra que la cocinera oculta en la alacena de las mermeladas.

DR. POWDER: *(Ausculta al enfermo.)*

¡Voto al chápiro! Con esa manera de quitar la sed no es extraño que haya perdido la memoria. Lo chocante es que esté vivo... Respire profundamente, milord.

LORD GRILLROOM: ¿Qué es exactamente respirar, caballero?

LADY MARGARET: *(Ahoga un sollozo.)*

¡Ay, querido! ¿Qué te sucede? ¿No me reconoces ni a mí, tu amante esposa?

Needless mira al techo.

LORD GRILLROOM: A decir verdad no me sucede nada, bella señora, aunque lamento no reconocerla. Me siento, cómo lo diría, como un recién nacido, eso es. Lo único que me causa una cierta molestia es el fuerte dolor de... de... Esto que tengo encima de los... Debajo del hielo, quiero decir. Y por cierto, ¿qué es una esposa?

NEEDLESS: Es la cabeza, milord. Encima de los hombros. Y una esposa es la dama con la que en principio uno duerme en exclusiva.

LADY MARGARET: *(Molesta.)*

Hable sólo cuando le pregunten, Needless.

NEEDLESS: Desde luego, milady. Pido perdón, milady. No volverá a suceder, milady.

LADY MARGARET: Es suficiente, Needless.

(Coge la mano de su esposo, que la mira con apetencia, y se dirige ahora al médico.)

¿Es grave, doctor Powder?

DR. POWDER: Interesante pregunta, ¡voto al chápiro verde! Verá, lady Margaret. No es como un balazo entre las cejas, pero tampoco se trata de un resfriado estival. Por ahora me reservo el diagnóstico.

LORD GRILLROOM: *(Se dirige a su esposa.)*

Entonces, señora, si al parecer usted duerme conmigo, cuando se marchen estos pesados quizá podríamos hacer, antes de dormir quiero decir, eso que se llama... ¡Por Júpiter! Lo tengo en la punta de la lengua...

LADY MARGARET: *(Fulmina a Needless con la mirada.)*

Silencio, Needless.

NEEDLESS: Por supuesto, milady. Pensaba mantenerlo. Soy como una tumba.

DR. POWDER: No creo que sea conveniente en su estado, lord Grillroom. Ahorre fuerzas.

LORD GRILLROOM: Pues aunque no sé a ciencia cierta el qué, me apetece bastante. Empieza usted a fastidiarme.

LADY MARGARET: Mi pobre esposo. Qué mal estás. Tú, ejemplo de templanza y cortesía. Has perdido el sentido de la decencia y te muestras... ¡Qué horror, querido! Vulgar.

Needless se mira las puntas de los zapatos.

LORD GRILLROOM: Si no puedo dormir con esta señora, entonces me apetece una buena porción de pastel de ruibarbo. Eso sí recuerdo lo que es.

NEEDLESS: Al instante, milord.

DR. POWDER: Quieto ahí, Needless. Más bien atienda a mis instrucciones. Quiero que el paciente tome un caldo de ave, dos huevos hervidos, algo de arenque ahumado y té, mucho té, baldes de té, y bien azucarado.

LORD GRILLROOM: ¿Y un vasito de...? Eso que no tiene color y no sabe a nada...

DR. POWDER: ¿Agua? Por qué no. Levemente avinagrada, Needless. Por los gérmenes.

NEEDLESS: A sus órdenes, doctor.

LADY MARGARET: ¿Ese régimen le curará, doctor?

DR. POWDER: En absoluto, milady. Como a un tuberculoso una tostada. Es para preparar el terreno. Después de la colación quiero que el paciente beba lo mismo que bebió ayer. Las mismas cantidades y por el mismo orden. Es aconsejable por mera lógica que no se mueva del lecho. Lo que le ha enfermado puede curarle. Pasaré mañana a verle de nuevo.

(Para sí.)

Si es que ha sobrevivido.»

Lord Grillroom sobrevive al tratamiento y recupera la memoria, pero no se lo revela a nadie, salvo a Needless, y desde su cómoda posición de amnésico fingido y con la complicidad del fiel mayordomo, se venga de su adúltera esposa y del traidor mayor Peephole.

Paliativos

Paliativos, ya que remedios totales, ¡ay!, creo que no los hay, o al día de hoy, en que sin duda he cruzado el meridiano de mi número de resacas asignadas, los desconozco.

El único remedio realmente eficaz sería que las células del hígado dispusiesen de más cantidad de enzima transformadora del acetaldehído. Y hoy por hoy... Tal vez en un futuro la ingeniería genética nos brinde un apaño.

Lo único que se puede conseguir es hacer más lenta la absorción del alcohol por el organismo y acoplarse más al ritmo de trabajo hepático (ver **Definiciones y concepto**). Esto se consigue *blindando* el estómago antes de soplar con la toma de leche, aceite de oliva virgen, alimentos grasos o infusiones.

Hay descrita una buena serie de remedios para antes, durante y después de beber en el libro ya citado del doctor Ramos: *La resaca, remedios naturales para vencerla.*

Lo apuntado en el subapartado de **Consejos básicos** es más bien un estado favorecedor, un clima cómodo para pasar la resaca, no un enunciado de semi remedios, de los cuales hay muchos, de muy variada índole y dispar eficacia.

Aparte de los paliativos relajantes y analgésicos, los consistentes en bebidas y comidas adquieren valor por sus contenidos ricos en lo que se ha perdido durante y después de la jarana: hidratación, vitaminas B y C, minerales y glucosa.

Fármacos

Recuerdo que un par de médicos catalanes que hicieron la puñetera mili conmigo, tras noches de etílico ardor guerrero, se metían en vena picos de *vitamina* B_6 *y* B_{12} y aparentaban quedar como nuevos. Eran unos histriones y creo que sin duda fingían.

Resalim. Para tomar antes del combate. Cápsulas de extracto de alcachofa, arándanos, piña y grosella enriquecidas con vitamina B_1 y B_6. Algo hacen. Pero prefiero el *Benexol*, que son comprimidos exclusivamente de vitamina B_1, B_6 y B_{12} y es más potente que el Resalim, que además es bastante caro.

No hay que pasarse tomando Benexol por su componente de vitamina B_{12}, que no es hidrosoluble y se acumula en el hígado.

La aspirina. El ácido acetilsalicílico es uno de los grandes inventos de la humanidad y sus múltiples propiedades terapéuticas están todavía en estudio —así que quizá lo de la aspirina con Coca-Cola que cuento un poco más adelante...—y se amplían día a día.

La aspirina, el buque insignia de la Bayer[1], es el mejor remedio contra uno de los más comunes y tundidores síntomas de la resaca: el dolor de cabeza.

Hay gente a la que la aspirina le hace daño al estómago y prefieren los comprimidos de paracetamol, como el *Gelocatil*; también son efectivos.

Muchos prefieren las aspirinas efervescentes. A mí me gustan las clásicas y masticarlas.

Almax forte. Un sobrecito de una densa papilla de amalgato que calma al instante el ardor, esa lava que te sube por el esófago cual erupción de tu Vesubio particular.

Alka Seltzer. Burbujeante y agradable de tomar. Para el día después. Tiene, como la aspirina, ácido acetilsalicílico, pero es menos efectivo que ésta. Se compone además de ácido cítrico y bicarbonato de sodio, que produce unos eructos telúricos y alivia la pesadez de andorga.

Colirio Optrex. Para los ojos cuando se han convertido en esas castañas pilongas con cristales clavados.

Espidifen 600 o Nolotil. Cuando te duele todo y mucho.

---

[1] Que también inventó el ácido lisérgico o LSD.

¿Las drogas curan la resaca? Hombre, si uno llega a los extremos que cuenta James Ellroy de su rastrero personaje Danny Getchell, el judío editor de la infame revista de escándalos de las estrellas de Hollywood *Hush-Hush*, en el cuento titulado *Tijuana mon amour*, se puede superar la resaca y la barrera del sonido.

> «Me quité de la cabeza ideas necrófilas. Fui a un lavabo trasero y busqué el botiquín. Me hice con un botín de píldoras y me preparé un cóctel químico.
>
> El sexy Secorbabital y la diabólica Dexedrina. Miltown para mezclarlos. Un buen Bromo-Seltzer para que la mezcla entrara en ebullición.
>
> Tragué mi elixir y lo acompañé de un Chesterfield. Me traqueteó por dentro e hizo explotar una carga de profundidad.»

Dicen que una rayita de *cocaína* quita la resaca. No es cierto, simplemente hace que experimente una mutación y se convierta en **enajenada-neurótica**.

La *heroína* esnifada sí quita la resaca. También las ganas de comer, de follar, de pensar…, etc.

El *hachís* y la *marihuana* la densifican, apelmazan y ralentizan. También descerebran un tanto. Con resaca y un canuto puede uno entretenerse, por ejemplo, viendo *Sonrisas y lágrimas* —las de Andy Warhol, no—. O sea, mal rollo salvo para los amantes de la resaca **contemplativa**.

Naturalmente, hablo de mi experiencia hace veinte años. Ahora, cuando tengo resaca, aunque sea de las muy suaves, de las **invisibles**, no fumo ni cigarrillos. Es el único efecto objetivamente positivo de la resaca para mí. Estoy convencido de que si actualmente me fumara un canuto durante un clavo me daría por lo menos una lipotimia.

Las *anfetaminas* te la ponen peor, amén de aumentar apreciablemente el riesgo de un ataque al corazón que siempre se corre al padecer una resaca.

¿*LSD*? Atemoriza sólo pensarlo. Hay que estar muy loco para meterse un *tripi* con resaca. A los únicos que podría preguntarles al respecto se quedaron colgados de un mal viaje de ácido hace mucho tiempo y lo único que les hace reaccionar es el disco de la vaca de Pink Floyd.

Y con el *opio* te duermes. Dormir siempre va bien para la resaca, pero se corre el riesgo de que el clavo lleve las ensoñaciones opiáceas al terreno de las pesadillas.

Del *éxtasis* y demás mariconadas de niñatos no tengo ni idea.

Bebidas

La primera y más obvia, aunque no sea más que por el orden de consumo cuando recuperas el conocimiento —ya que con una buena trompa no te duermes, te desvaneces—, es el *agua*. No sé si en realidad atempera la resaca, pero cuando uno se levanta de la cama con «la boca tan seca que podría escupir algodón», como decía Marilyn Monroe, esos dos o tres vasazos seguidos de agua fría que te arrojas al gaznate son pura gloria.

Es evidente que beber mucha agua un día de resaca es bueno para el amojamado organismo, te rehidrata después de que el alcohol te ha achicharrado y eliminarás toxinas por la orina. Pero de ahí a las desorbitadas cantidades de agua que se recomienda abrevar todos los días, tengas resaca o no, si quieres conservar un aspecto lozano, una piel de porcelana, un cabello como la crin de Furia y la salud en general, en fin... ¿Cuánto recomiendan? ¿Cinco litros al día? ¿Ocho? ¿Doce? No puedo imaginar una existencia con la perenne compañía de una botella de plástico llena de agua mineral. Una vida reducida a tragar agua constantemente, como una ballena en busca de plancton, y a visitar innumerables urinarios.

De hecho, la gente que va por la calle o acude a reuniones o a cualquier lado con la puta botellita de agua en la mano, es para tirarle un retrete a la cabeza.

Un amigo me contó que ligó con una chavala espectacular, una atleta, una chica sana que estaba buenísima. La chavala se lo llevó a su casa y le hizo esperarla en la cama. Al ratito apareció en bolas, con unos condones de colores, un cronómetro y una botella de agua de dos litros. ¿Que para qué era el cronómetro? Yo también se lo pregunté a mi amigo y se hizo el tonto. Eso sí, se puso bastante rojo.

En fin, en la próxima resaca prometo hidratar como mandan los cánones el particular desierto de Arizona de mis cañerías y la calavera calcinada de vaca que suelo tener por cabeza. Llenaré la bañera de agua fría, me sumergiré en ella y beberé con fruición. Tantas veces como sea necesario hasta vaciarla. Que queme con el aliento mi facsímil de manuscrito de *Bajo el volcán* si falto a esta promesa.

No va mal del todo la *Coca-Cola*. Además, cuando te entra el ataque de hambre a media mañana es la segunda mejor opción —la primera es la cerveza, obviamente— para acompañar un sándwich frío, un pincho de tortilla o un montadito de lomo frito con queso.

La Coca-Cola, misterioso brebaje de fórmula secreta y propiedades curiosas, incluso por descubrir.

Desatasca una cañería, comprobado, y aseguran que puede llegar a disolver un trozo de carne cruda sumergida en el líquido no sé durante cuántos días.

Despeja un poco por su componente de cafeína.

Quién la hubiera pillado en sus primeros años de comercialización, cuando llevaba coca.[2]

Cuando era chaval, solía decirse que tomada con una aspirina era un poderoso afrodisiaco. En los lamentables guateques de la adolescencia jugueteábamos con la idea de meter una tira completa en la Coca-Cola familiar con que se hacían los cubatas, pero nunca nos

[2] Y era de color verde.

atrevimos. La orgía, léase limitarse a meter mano a todas las chavalas, se desencadenaba sólo en la imaginación. La modélica represión mental impartida en el colegio por los hermanos maristas, aquellos nazis, daba sus frutos.

He de confesar que nunca me he atrevido a tomar a la vez una aspirina y una Coca-Cola en un día de resaca. Más que probablemente lo de su poder afrodisiaco fuera una leyenda, pero con lo raro que es ese brebaje, quién sabe. Si hubiera algo de verdad, y con lo salido que ya se está de por sí con resaca, las consecuencias podrían ser nefastas para uno mismo y para la humanidad en general.

La cerveza es una bebida perfecta para una mañana de resaca. Su propiedad refrescante, unida a su bajo contenido alcohólico —no entiendo cómo hay gente que puede cocerse sólo con cerveza, por muchas que tomen—, la convierten en un buen mitigador.

Una cerveza de barril bien fría y bien tirada —ya ni en Madrid lo hacen bien—, acompañada por unos boquerones poco torturados por el vinagre o un buen cebiche, reconcilian un poquitín con el mundo.

Los peruanos llaman a estas cervezas que se toman durante la resaca de un modo muy apropiado, con calidad poética y ya citado: «cervezas de bajamar».

Las mentes preclaras dicen que es un error tomar algo de alcohol con resaca. El organismo está intoxicado y no hay que darle más marcha hasta que finalice la eliminación del alcohol. Así será. Pero cuando el intoxicado tiene alma de toxicómano lo que quiere es una nueva dosis. Así es.

De todos modos, es conveniente no comenzar a tomar cervezas demasiado antes del mediodía ni pasar de la media docena. De otro modo, se corre el riesgo de que te pongan «la boquita caliente», como suele decir mi padre, sustituyas la cerveza por algo con más fuste y recomience la vuelta en el carrusel.

Bull Shoot. Textualmente, «disparo de toro». Y realmente es como si Mike Tyson te arreara un guantazo o te corneara un morlaco. Se compone de una parte de vodka, cinco de caldo de buey Campbell's, un chorrito de salsa Worcestershire[3], sal, pimienta recién molida y unas gotas de limón.

Lo tomé una vez. No sé si me redujo la resaca, pero me dio unos sofocones de embarazada.

Bloody Mary. En vaso mezclador con hielo una parte de vodka, cinco de zumo de tomate, unas gotas de salsa Worcestershire, pimienta blanca, Tabasco, zumo de limón y sal. Reanima. Es un hecho.

Frank Sinatra se lo tomaba con una ramita de apio.

Una variante menos fuerte es sustituir el vodka por fino o manzanilla. Cuando no lleva alcohol se llama *Bloody Shame,* «maldita vergüenza».

En vez de zumo de tomate envasado suelo hacérmelo en la licuadora con tomates naturales maduros. Le echo

---

[3] La más común en España es la de la marca Lea & Perrins.

también un diente de ajo del que sólo se extraen dos o tres gotas pero de singular poder. Está para relinchar. Y si le añades un par de huevos de codorniz cocidos —mejor pelados— constituye un excelente predesayuno.

El tomate es antioxidante, antiinflamatorio, desintoxica y en plena temporada, de la clase raf y de huerta está muy bueno rociado con un buen aceite de oliva extra virgen y unas gotas de vinagre de Módena.

Café. Al parecer no hace nada por la resaca, pero a mí me hace falta. La dosis de cafeína ayuda a encarar una mañana difícil.

También el *té rojo* le mete algo de marcha al cadáver dentro del que estás atrapado.

Zumo de naranja. Recién exprimido. La vitamina C de la naranja desaparece rápidamente al contacto con el aire.

Un zumo de naranja no es que haga mucho por los síntomas de la resaca, aparte de reponer vitamina C, pero es como una llamada a la vida, es alegre y estimulante por su color y frescura; y con resaca hacen falta alegrías de todo tipo.

Agua con gas Vichy Catalán. Para mí la mejor. Superior a la cara y famosa Perrier. Rica en minerales, sobre todo en flúor, y con la dosis justa de gas carbónico natural.

Comidas

En el álbum *Los laureles del César*, de Goscinny y Uderzo, Asterix y Obelix preparan un espantoso mejunje que resulta ser un remedio milagroso para la resaca. La famosa pareja de galos cita los ingredientes que echan a la olla: confitura, riñones, jabón de Massilia, miel, salchichas, huevos, una gallina sin desplumar, pepitas de granada, mucha pimienta, mucho pimentón y sal.

Por si acaso, probé la receta —con una pinza en la nariz—. Produce múltiples y curiosos efectos, ninguno relacionado con la resaca.

A mí me suele apetecer, lo confieso con vergüenza ya que me las doy de *gourmet*, una *sopa de sobre*, la de pollo con fideos finos de Gallina Blanca —espero que la señora Cerúlea, la de la resaca *gulosa de comida basura*, nunca lea esto—. Es posible que los potenciadores del sabor E621 y E635 favorezcan algún proceso químico, mi organismo lo haya aprendido y por eso el cerebro me pide tal ignominia gastronómica. Aunque la adicción a la sopa de sobre también puede ser mérito de la riboflavina, el colorante que emplean.

Las mentes poco abiertas y que viven de espaldas a la imaginación aseguran que ese amago de mejoría de la resaca que produce la deglución de una sopa de sobre se debe simplemente a su excedente de cloruro sódico, es decir, al colocón de sal.

Hay otras sopas menos innobles que confortan durante una resaca.

Un plato humeante de tomar con cuchara resulta acogedor y da calor de hogar en ese difícil día de exilio metafísico.

Por ejemplo, una buena *sopa de pescado* de roca y rape, con almejas y mejillones, con tanto fósforo que se vean fuegos fatuos, como en un cementerio; una humilde *sopa de ajo* llena de vitamina B_1, con un huevo escalfado, o una espesa *sopa de cebolla* que se puede enriquecer con unos menudillos de pollo.

Pescados ricos en vitamina B. El *rodaballo*, aparte de ser delicioso —el salvaje—, incluso en casa, aporta las perdidas vitaminas B_1, B_6 y B_{12}. También son beneficiosas las *anchoas* y las *sardinas*. El problema con estas últimas es que, a no ser que se viva aislado y sin vecinos en varios kilómetros a la redonda, hay que abstenerse de asarlas y es más aconsejable consumirlas de lata —una latita de sardinillas en tomate con un leve punto picante aportarán cierto gozo—. Con las anchoas frescas no hay ese problema. A mí me gusta hacerlas filetes recién compradas —una vez verificado que son del Cantábrico— y macerarlas en el frigorífico poco menos de una hora, cubiertas con sal gorda —para que pierdan los restos de sangre—, agua y vinagre corriente más o menos a partes iguales y el zumo de medio limón.

Una docena de *ostras* crudas te harán sentir en la proa de un bergantín acariciado por la brisa marina.

En China se afirma que comer una pequeña ración de *sesos de caballo* es mano de santo o de Confucio para la resaca. Desconozco si han de cocinarse de un modo concreto o ingerirse crudos. Tampoco sé si el caballo ha de ser un pura sangre o un penco desfondado por la edad o el trabajo.

De todos modos no me fío nada, lo mismo es una invención. Me lo ha contado Tchang —sí, como el personaje de *El loto azul* y *Tintín en el Tíbet*, no es broma—, el dueño del restaurante chino del barrio, que es un vacilón y está algo mosqueado porque le he ganado un par de veces al póquer mentiroso.

Un filete, chuleta o solomillo de *carne roja*, de ganado mayor, de vaca, no de ternera, para un mayor aporte de vitamina B_{12}, también es conveniente que figure en la dieta del resacoso.

Un filetito de *hígado de cordero o de ternera* —está más bueno el primero— a la plancha y encebollado no es mala alternativa a la carne roja.

El *gazpacho*. Esa obra maestra de la cocina popular. Refrescante, delicioso y auténtica bomba de aporte vitamínico y energético sobre todo si lo completamos con un generoso chorro de buen aceite de oliva virgen. Como con resaca no tendrás muchas ganas de cocinar, el industrial de la marca Alvalle está muy bueno.

Alcachofas y *espárragos* naturales, al vapor, para que pierdan lo menos posible de sus maravillosas propiedades en el agua de cocción.

Las alcachofas son las mejores amigas de tu pobre hígado. Están llenas de fósforo, calcio, hierro, manganeso y vitaminas A, B_1, B_2 y C.

Si no es temporada y no hay espárragos frescos, unos buenos en conserva tampoco están mal y además te puedes beber el agua de la lata, que está buenísima.

Miel o *jalea real* en una tostada de pan integral y con un chorro de aceite. Para compensar esas pérdidas de glucosa que en un día de resaca nos ponen tan lamineros.

Miscelánea

Un mexicano con el que bebí una vez tequila Herradura en Donosti me aseguró que los *toques* son «mano de santo para la cruda», un buen tratamiento de choque contra la resaca. Desde luego, en todo caso es exacto lo de choque: electrochoques.

En El Paso, salvaje ciudad fronteriza entre los USA y México, muchas viejas venden por la calle tortillas o enchiladas, sin embargo algunas otras exhiben una peculiar e indigesta mercancía: baterías de coche. A cambio de un dólar uno recibe el *toque*: una descarga de ciento cuarenta voltios. Cuanto más tiempo aguantas sin soltar la voluntaria picana más macho eres. Es una *diversión* que goza de gran popularidad y aceptación. Nada extraño para los inventores de la ruleta mexicana[4].

El actor Javier Bardem y el director de cine Álex de la Iglesia se aficionaron a los *toques* durante el roda-

---

[4] Los jugadores se colocan bien juntitos alrededor de una mesa. Se lanza al aire un revólver cargado y amartillado. Al caer sobre la mesa frecuentemente se dispara y al que le da, le da.

je de *Perdita Durango*, pero no tengo referencia de si la terapia eléctrica fue buena para sus resacas o para la película.

En Haití, la *magia vudú* también prevé un sortilegio contra la resaca. Consiste en clavar trece alfileres de cabeza negra en el corcho de la botella de ron que te has soplado la víspera y dejarás de estar como un zombi.

Defecar. La actividad favorita de Al Bundy en esa corrosiva y divertida comedia de situación que es *Matrimonio con hijos*.

Quita un peso de encima, nunca mejor dicho, y algo alivia. Sicológicamente uno siente que parte de la ponzoña y la inmundicia que te anega y alimenta la resaca se va por el sumidero.

La *sauna*. Mejor que el *baño turco*, que agobia con tanto vapor y te sientes como una alcachofa cociéndose.

Con una sesión de sauna suave, a unos setenta o setenta y cinco grados de temperatura, es como más se suda y resulta muy llevadero. Si no te entra una taquicardia por el resacón, la verdad es que la sauna, completada por las rápidas y deliciosas duchas de agua helada con el cuerpo caliente, alivia bastante. También te deja después un tanto tirado y desmadejado, pero con menos resaca.

Para una placentera terapia, evitar meterse en saunas a noventa o cien grados. Es angustioso y hace tanto calor que cuesta mucho más romper a sudar.

Abstenerse también de echar agua con el cacito a las piedras calientes para producir vapor. La nube abrasa, te calienta las vías respiratorias con una desagradable sensación y te mete un sofocón que puede terminar en lipotimia. Así mismo, prescindir de darse leña con ramas como Max von Sydow en *El manantial de la doncella*. Será muy bueno para activar la circulación sanguínea, pero es más desagradable que la cerveza en vaso de tubo.

Un antifaz de silicona líquida. Gran invento. Lo tienes metido en el congelador o el frigorífico según el grado de gelidez que quieres oponer a la congestión. Te lo pones en el careto y ajustas las cinchas mientras escuchas por ejemplo el *Adagio* de Albinoni a bajo volumen

Un baño en un jacuzzi. Pero conviene controlar la potencia para no naufragar. Una vez me dejaron en uno con los chorros y corrientes a tope y estuve dando vueltas en la bañera redonda hasta que me rescataron.

Si no hay *jacuzzi* a mano, la segunda mejor opción de hidromasaje es *un baño en el mar*, sobre todo si está un poco picado. Pegarse un rato contra las olas aplasta bastante el clavo.

Un masaje. El problema para los hombres es que si la masajista está buena —o bueno si eres homosexual—, te puedes relajar demasiado y hacer la tienda de campaña con la toalla. La solución es que te dé el masaje la reencarnación de Carrero Blanco o de Golda Meir o acudir a un local de servicios mixtos en que al final del masaje te bajen la hinchazón.

Pero lo mejor, el único remedio completo es *dormir ocho horas* al anochecer del día y de la resaca.

A no ser que padezcas una resaca **demoledora** que todavía colee al día siguiente, con la desconexión, con el sueño, la bestia negra se disipa, desaparece, hace mutis y se evapora en el olvido.

Mi receta particular para un día de resaca es la siguiente:

Antes de dormir y con la trompa encima: un vaso de leche desnatada fría, dos cápsulas de Resalim o una de Benexol y una aspirina.

Desayuno:

En casa. Dos Alka Seltzer, medio litro de agua del grifo, sentarse en el trono, un zumo de melón natural y un zumo de tomate natural con un diente de ajo, Tabasco, salsa Worcestershire y medio limón exprimido.

En la calle. Un café con leche doble, un pincho de buena tortilla de patata y un pastelito de arroz.

Segundo desayuno: un triángulo vegetal y una Coca-Cola.

A la hora del aperitivo: una sauna, dos o tres cañas y un par de gildas[5].

---

[5] Pincho clásico compuesto por un filete de anchoa en salazón, dos aceitunas rellenas y una guindilla verde encurtida.

Comida: un bol de gazpacho, una sopa de pescado, solomillo de vaca a la plancha, ensalada de lechuga y cebolleta, media botella de Vichy Catalán o un par de copas de cava brut y un helado de ron con pasas.

Merienda: un *Bloody Mary* y un zumo de naranja con vodka.

Cena: alcachofas al vapor o espárragos con mayonesa, anchoas rebozadas, media botella de Vichy Catalán, una cuajada con miel y un sobre de Almax Forte.

Y a dormir.

Epílogo

«La realidad es sólo un efecto producido por la falta de alcohol.»

Jack Nicholson

La resaca hay que sufrirla —lo menos posible, eso sí— como un castigo necesario, un equilibrador natural de la existencia.

Si la medicina llegara a erradicarla algún día habría que destruir el fármaco, a no ser que lo hubieras inventado tú, porque te haría rico.

Un mundo sin resacas —dejando aparte los milagros químicos— sería un mundo sin bebedores, un mundo sin la conducta alegre y desinhibida del estado de embriaguez. Naturalmente, me refiero a los bebedores civilizados, no a los energúmenos que con alcohol son todavía más bárbaros que sobrios.

Un mundo seco sería un mundo triste, y sólo en apariencia más solemne.

¿Franco, por ejemplo, hubiera sido menos feroz de ser bebedor? ¿Más todavía? Quién sabe. En todo caso, tal vez una resaca le hubiera impedido montar en el Dragon Rapide y acudir a Marruecos a ponerse al frente de la rebelión fascista en África. El dictador firmaba las penas de muerte mientras tomaba café, después de comer con agua o una copa de vino tinto a lo sumo.

Al fin y al cabo la del bebedor es una actitud consecuente con el absurdo de la vida, la de no tomarse nada demasiado en serio y poner un filtro de relatividad y cinismo legítimo frente a la pesada broma de la existencia humana: la consciencia de la propia muerte y su inevitabilidad.

Un mundo sin resaca sería aún peor que éste.

Bilbao, 27 de noviembre de 2002.

Nota aclaratoria

El lector sin duda habrá descubierto que buena parte de los libros citados y los fragmentos de los mismos incluidos son ficticios. Y si no ha sido así, le propongo para un día de resaca el juego de desenmascarar a los impostores.

Del mismo modo, bastantes de los hechos y referencias históricos pertenecen al libre mundo de la ucronía.

No existen el cuadro titulado *Uncle Bob with a Hangover* ni el pintor Jack Magnano.